YOUR KNOWLEDGE HAS

- We will publish your bachelor's and
  master's thesis, essays and papers

- Your own eBook and book -
  sold worldwide in all relevant shops

- Earn money with each sale

Upload your text at www.GRIN.com
and publish for free

Imprint:

Copyright © 2008 GRIN Verlag, Open Publishing GmbH
Print and binding: Books on Demand GmbH, Norderstedt Germany
ISBN: 9783640557851

This book at GRIN:

http://www.grin.com/en/e-book/145162/exploring-the-relevance-of-usability-criteria-
to-the-booking-process-in

Leyla Abolahrar

Exploring the relevance of usability criteria to the booking process in e-tourism

GRIN Publishing

GRIN - Your knowledge has value

Since its foundation in 1998, GRIN has specialized in publishing academic texts by students, college teachers and other academics as e-book and printed book. The website www.grin.com is an ideal platform for presenting term papers, final papers, scientific essays, dissertations and specialist books.

Visit us on the internet:

http://www.grin.com/

http://www.facebook.com/grincom

http://www.twitter.com/grin_com

Digital Enterprise Management

Exploring the relevance of usability criteria to the booking process in e-tourism

Leyla Abolahrar

Executive Summary

This research addresses the usability issues that are essential particularly for e-tourism websites: how easy or difficult is it for individuals to use and interact with online travel portals? Usability is a measure of quality of a website's presence. As high usability is a key component of overall user satisfaction, this research focuses on a specific online travel website, Tiscover, to find out critical usability criteria from the point of view of online users.

Extensive research about usability and its respective criteria is centre of this paper, together with insight of the rise and current status of e-tourism. E-tourism has gained a lot of importance in today's consumer society as gathering information for tourism destinations and online booking have become commonplace.

Literature about usability together with e-tourism is scarce and therefore it becomes a challenge to explore these two important aspects of the Internet in depth.

Six interviews with experienced Internet users were conducted. The emphasis was on the website's homepage and booking process which consists of five different steps. The research is based on the usability-testing method and was analysed via the content analysis to provide rich findings and determine critical usability factors.

Table of Contents

1 Introduction

Today the question is not "Where can I find the next travel agency to book my vacation" but "Tell me a good online travel website to book the trip myself". A new type of user has emerged, that can act as an own travel agent and build a personalized travel package (Werthner and Ricci, 2004).

The use of the Internet has proliferated tremendously since its first commercial application in 1994. Today, almost any company is seeking to set up its own e-commerce website to benefit from this additional sales channel and gain new potential customers from the virtual marketplace (Dutta et al., 1998).

Purchasing over the Internet is an increasingly growing form of shopping and leaves behind the traditional ways of retailing (Levy and Weitz, 2001). Especially the hospitality and tourism industry has been the most affected industry by the e-commerce trend. The reason is because the hospitality and tourism sector depends very much on the distribution of information about its products and services and this is what the Internet is about. Airlines, car rental firms and hotels can reach their customers directly, bypassing a third-party agency and therefore save commission fees (Zhou, 2004).

The emerge of e-tourism has gained incredible importance. The annual growth in Europe has reached 50% in both 2003 and 2004 and it is continuing to grow strongly (Longhi, 2008).

The decision-making process for potential consumers on tourism websites is a critical aspect before their departure. Tourism research has proven "that although travellers make many different kinds of decisions, "central decisions are made at the beginning of travel planning and usually hard to change. In this sense, the attractiveness of tourism websites has an important impact on travellers' choices (Zhou and DeSanti, 2005)."

Usability is a decisive part of the website attractiveness; it describes how easy it is for people to understand and utilize a website in order to accomplish their intentions as quickly and easy as possible (Tarafdar and Zhang, 2005). Usability is a concept of the human-computer-interaction (HCI) whose primary premise is to design information systems with features and characteristics in order to let users interact with the systems without difficulties (Shneiderman, 1998).

For B2C (business-to-consumer) operations it is an important factor to retain and attract new customers over the website since it is proven that a lot of consumers who intend to purchase something on the Internet abandon the website due to process breakdowns or navigational problems (The Boston Consulting Group, 2000).

Although travelling has become commonplace in today's consumer society it is very surprising that companies still have not found a standardised way to improve the usability of tourism websites.

Research confirms that many tourism websites are designed with poor usability, i.e. weak functions, hard-to-use content, inaccessibility etc. Radosevich (1999) states that "trip planning on the web is a frustrating experience."

Tourism companies often miss out that good website usability can increase sales volume and improve reputation (Law and Leung, 2002). Gianforte (2004) says that improving customer experience of website use can raise sales by at least 33%.

This paper aims to emphasise on the essential usability criteria of e-tourism websites and to demonstrate the neglect as well from companies as from researchers on this relevant topic.

1.1 Research question & objectives

A lot of interest about this topic has arisen since tourism used to be a previous career of the author and it was observed that e-tourism is becoming more and more important. Since usability is a critical aspect of e-tourism websites the author decided to analyses an e-tourism website in particular. Tiscover, a leading provider of marketing and technology solutions for the tourism industry and a portal for travel information and bookings was chosen for this research. For a brief overview of the company please refer to the following chapter. This research is only going to focus on the tourism portal.

The aim is to find usability problems from participants involved in this research and suggest possibilities how to improve their website in regard to the usability features. Not only should they be recommended to Tiscover but also to similar online travel portals. One objective is to gain a clear insight into the current status of the company's website. another objective is to find the right users who will be responsible for detecting the problems and thereby apply the best suitable method to achieve it. In this case a qualitative approach has been chosen to support the objectives where questions such as "Who is the information for and who will use the finding of the evaluation", "What kinds of information is needed" have to be considered.

With the conducted interviews it is intended to demonstrate the relevance of usability criteria that play a major role to users during the decision-making process when accessing a website and consider making a booking. Therefore the following research question was formulated:

How should Tiscover design its usability features in order to optimize the booking process?

Based on the empirical research of the author it is consequently intended to give general recommendations regarding usability for e-tourism websites.

1.2   Presentation and overview of the company

Tiscover, with its headquarter based in Innsbruck (Tyrol, Austria) and founded in 1991 as TIS GmbH (abbr. for limited company) developed the first e-tourism information system in Austria. 1995 TIS@WEB was released and turned into one of first worldwide travel websites. After several commercial alliances with international partners, Tiscover was founded as a public company in 2000 and successor of TIS ltd. Today Tiscover runs travel portals in Austria, Germany, Switzerland, Italy UK and South Africa. The company is well known for the development and supervision of online travel portals, for international destinations such as Scotland, Montenegro and/ or regional ones. Today, Tiscover counts with over 80 employees and 40 freelancers plus 3 subsidiaries in Germany, Italy and the UK.

According to an article of the "travel daily news" (www.traveldailynews.com) Tiscover acquired 26% of an online reservations platform "NetHotels.com" which strengthened the company's overall position at the head of the e-tourism marketplace. NetHotels distributes over 35,000 hotels online, through hundreds of affiliate sites and call centres and through its own website.

It was traced back that Tiscover received 405 billion page views in 2006 and counts now to one of the top tourism portals. Their portfolio includes more than 2.000 regions and 22.000 tourism companies. In the same year it reached over 1,3 billion inquires and bookings from all over the world.

The company ranks among the most visited internet portals when leisure and travelling is concerned. Since their numbers are constantly increasing Tiscover has become an interesting platform for tourism providers and advertisers.

Analysing the company's statistical facts and figures the following observation were made:

TISCOVER	2000	2007
Page Views	137 Billion	410 Billion
Inquiries/ Bookings	911.000	> 1 Billion

Table 1 Tiscover Facts and Figures (www.tiscover.com)

There has been a great increase regarding the page views between the years 2000 and 2007 but the figures concerning the online booking process only grew in a paltry amount between 2000 and 2007.

This was a motivating impulse to focus mainly on the booking process of the company Tiscover and search for plausible reasons that have contributed to this minimal increase in bookings compared to the triple increase in page views.

1.2.1 Who is going to benefit from this research?

This research considers the importance of e-tourism and its usability based on a chosen online travel portal, Tiscover. There is a personal aim to satisfy the curiosity about these two major topics and additionally narrow down the amplitude of the e-tourism field in order to focus more extensively on one specific website. With the concentration of a particular company whose origin is the same as the author's it will not only benefit the author who intends to broaden her horizon that in regard to this research but also the company who can accept these findings and be able to implement them to enhance their current website status to increase their sales channel.

1.2.2 Expected outcome

The company that was chosen for this research provides rich data due to their corporate information and reputation mentioned above. From their statistics we could extract figures about their online booking process which demonstrates only a small increase in 2007. With the answers gained from the interviewees about the webpage that later on was analysed qualitatively it is intended to receive clarity from their comments and opinions. It should outline how day-to-day users perceive the portal, why the feel like they feel and what they would suggest instead. Additionally it should give readers the chance to get an idea of how usability has evolved, from its origin till now and why e-tourism has come into play.

The ensuing analysis promises interesting insight why there has been a slow growth in Tiscover's sales in the past seven years and expects to offer a profound homepage analysis, solutions for valuable usability criteria and useful recommendations not only for the company but for online travel portals in general.

2   Literature Review

In this section the author will provide an overview of the most important and relevant literature in regard to web usability and e-tourism. It is intended to deliver a plausible rationale which will be justified later on in the analysis.

2.1   Origin of usability

The term usability has gained great interest in the past years, especially in connection with Information and Communication technologies (ICT) and due to the expansion of personal computers in general. The concept of usability is also applicable in other technical areas like the construction and machine building. Commercial trading is shifting more and more into the virtual world of e-commerce and the world would be unthinkable today without personal computers and the Internet. Therefore we require a more profound knowledge of how these systems can work more efficiently and effective (Silge, 2002).

The term usability is a key theme of the human-computer-interaction (HCI). The Association for Computing Machinery (ACM, 2002) gives the following definition of HCI:

"Human-computer interaction is a discipline concerned with the design, evaluation and implementation of interactive computing systems for human use and with the study of major phenomena surrounding them."

HCI deals with the design, the development and the implementation of interactive computer systems for human applications.

The roots of that science reach back to the 19th century and the development of machines for complex purposes. These machines were designed in a useable way so human-beings could work with them e.g. steam locomotive.

The actual science of HCI only emerged in the mid 80ies of the 20th century during the distribution of large numbers of PC's when before computers where mainly large data processors for scientific research. These personal computers for the first time focused especially on the interaction between human-beings and computers. This interaction takes place over the user interface where computers and human-beings interchange data and information (What is com, 2002).

The term user interface is, under an ergonomic point of view, known as "user centred design" (UCD) (Mühling, 2002). It is characterized by: "the active involvement of users and a clear understanding of user and task requirements; an appropriate allocation of function between users and technology; the iteration of design solutions; multi-disciplinary design." - ISO 13407 (Anonymous, 2006)

Theo Mandel (1997) mentions three important rules that are essential for the user interface design that focus mainly on the users:

"Place users in control, reduce users' memory load and make the interface resistant"

Parts of the user centred design deal with navigation design and page design. Some psychological criteria like the consideration of the user language, clear and logical buttons, matching colours etc. also flow into this description. These criteria though are seen in connection with the graphical design (Hackos and Redish, 1999).

The UCD does not cover all aspects of the user-focussing; criteria such as quality, content adequacy for target groups, and design for interactive functionality are not assigned to the UCD concept.

And this is where usability comes into play. However, it took quite some time till usability was fully appreciated because it was put on the same level as software-ergonomics. Because of this equalisation usability was likely to be seen as part of the "TÜV" (short for Technical Monitoring Association – a German organization that validates the safety of products) (TUV.com) and not as part of the software development and therefore utilized as a "watchdog" rather than a medium for design-improvement (Manhartsberger and Musil, 2001).

One convincing aspect for complete acceptance for usability was due to the increased revenue in business companies. Half of the e-commerce transactions failed because of poor software usability (Haupt, 2000b).

2.2 Defining Usability for this research

There are many discrepancies between authors who have tried to define the major usability characteristics through design principles (Nielsen, 2002), guidelines (Microsoft Usability Guidelines), parameters (Nielson, 2000), determinants (Turban and Gehrke, 2000) etc. Usability is difficult to analyse since it depends on the systems and its users. There are experienced and novice users with different know-how therefore it is not easy to design a system to cover everyone's needs (Huang, 2002). However, we will be walking through these different principles later.

There is a need to find a definition for website usability, its importance and purpose for this specific research.

Usability has been defined as "the extent to which a product can be used by specified users to achieve specified goals with effectiveness, efficiency and satisfaction in a specified context of user." - ISO 9241-11 (Anonymous, 2006).

Jakob Nielsen (www.useit.com), an expert of web page usability, defines usability as a "quality attribute" that assesses how easy a user-interface is to use. Usability is also a method for enhancing the ease-of-use during the design process. Nielsen classifies it into five quality components:

- **Learnability**: How easy is it for users to accomplish basic tasks the first time they encounter the design?
- **Efficiency**: Once users have learned the design, how quickly can they perform tasks?
- **Memorability**: When users return to the design after a period of not using it, how easily can they reestablish proficiency?
- **Errors**: How many errors do users make, how severe are these errors, and how easily can they recover from the errors?
- **Satisfaction**: How pleasant is it to use the design?

The International Organisation for Standardisation (1998) defines usability as "the extent to which a product can be used by specified users to achieve goals with effectiveness, efficiency and satisfaction."
Thomas Powell describes (2000) web usability as giving the user the chance to "manipulate" the website's features in order to accomplish a certain goal. The targeted customers assess usability for simplicity, understandability and ease of use.

For this research the author has been evaluating the various definitions and found Steve Krug's (2006) version as the most matching one:
"Don't make me think!"
Krug considers this statement as a "law of usability." A webpage should be self-explanatory, self-evident, where users should not spend much time in figuring out what it is about and be able to use the site without difficulties.
Online users are in most cases overloaded with information and irritated when trying to accomplish certain tasks (Tarafdar and Zhang, 2005). This argues for Krug's statement namely to provide users with guidance when they access a website and try to keep everything clear and easy.

Relating this to the topic of e-tourism this would mean the following: if somebody intends to make a booking online he/ she is only going to be prepared to do so if the website will be – in his/ her eyes – easy to use and not asking requiring to spend too much effort during the search process. It is fact that holiday seekers who intend to book online need to go through a lot of sites when searching how to spend their precious days off. Websites require that they memorise what they have seen and filter everything that seems essential to them. An online travel user is open to complete a booking by accepting what is said and offered on a certain website. The website should gain users' trust and provide them with the right information. The goal is that users are able to complete a transaction positively and efficiently without agonising over "how" to achieve this goal.

Therefore e-tourism websites should be designed according to certain usability criteria to make the booking process less complicated and therefore elevate the number of returning users and completed bookings.

2.3 Important usability criteria

As mentioned before usability has received attention in the human-computer-interaction literature as well as in web-based usability research. There are different frameworks within which usability can be investigated.

Prior to the use of the world wide web (www) usability of information systems and usability engineering generally was equal to a set of principles and common practices in order to insure that usability was an outcome of system design (Nielsen 1993, Pearrow 2000, Shneidermann 1998).

Nielsen (1993) defined a set of design principles where he articulated five key elements:

-   Consistency (unified placement of navigational tools e.g. buttons and bars)
-   Response time (speed of the system that responds to a user activity)
-   Mapping and metaphors (navigation from place to place within the system and the insertion of certain metaphors e.g. shopping carts)
-   Interaction styles (generated system messages in response to user activity)
-   Multimedia & audiovisual (incorporation of multimedia into the system design)

Due to the extensive use of the World Wide Web (www), usability research concentrated more on extending the basic usability principles into the web environment. Nielsen (2000) and Shneiderman (1993) broadened these principles for the web and concluded four usability parameters, i.e. (1) navigation, (2) response-time, (3) credibility and (4) content. According to Nielsen (2000) the web is a navigational system. A typical user interaction is to click from one link to another in order to move around an immense information space. Since the information space is too huge, it is necessary to provide users with navigational support and to answer three fundamental questions: Where am I? Where have I been? Where can I go? Response time is an important criterion to users. The basic advice on response time has not changed since 1968 where Robert Miller presented a classic paper on the topic at the Fall Joint Computer Conference: ten seconds is the limit for keeping the user's attention focused on the dialogue; for longer delays users tend to change tasks.

It is difficult to consider a website reliable, therefore it is a substantial goal to establish your credibility as a professional company. Nielsen (useit.com) states that good visual appearance is a major opportunity for establishing credibility since it is the first thing a user sees when entering a website. The homepage for instance can also be defined as the gateway to your business. If it does not show what users can do or why they should stay at the site it is quite certain that they will abandon the site.

Clear content design affects the core user experience because users scan headlines and texts first. It is important to present the content and catching the reader's attention.

According to Turban and Gehrke (2000) it is difficult for web designers to determine the most important usability factors which facilitate its usage for potential users. Therefore they analysed the opinion of experts and (e-commerce) users to find the perceived priorities of these factors. Variables were classified into five major categories: page loading, business content, navigation efficiency, marketing/ customer focus and security.

The study revealed a ranking where experts and users rated these categories completely differently e.g. security was rated least important by experts and most important by users. Page loading was rated least important to consumers while it received average rating by the experts.

We can summarize that there is a need for a total customer orientation in web design by prioritising the users' needs rather than aspiring the position of experts/ managers who often do not have the detailed insight of users' behaviour.

Agarwal and Venkatesh (2002) use the Microsoft Usability Guidelines (MUG) to work out other important usability aspects. They state that a measure of usability should not only provide a website with a global rating but also highlight specific strengths and weaknesses associated with the web design. MUG are organised around five major categories: content, ease of use, promotion, made-for-the medium and emotion. These categories were applied on four industries (airlines, bookstores, auto manufacturers and car rental agencies) in order to evaluate important usability-related aspects of these websites. Additionally a close study by Keeker (1997) found out that five categories can be split up further into subcategories i.e. dimensions. These provide a greater depth and coverage for the definition of usability. The five major categories and their dimensions have been outlined as follows:

- Content (covers the informational and transactional capabilities of a website). It consists of four subcategories:
  → Relevance (adequacy of the content to the main users)
  → Media use (appropriate use of multimedia use)
  → Depth and breadth (overview of appropriate amount of topics)
  → Current and timely information (examining whether the website's content is up to date)

- Ease of use (associated with the cognitive effort when using a website). In MUG ease of use covers three subcategories:
  → Goals (clear and understandable objectives)
  → Structure (the way a site is organised)
  → Feedback (how a website offers information concerning progress to the user)

- Promotion (how a website handles its advertising on the Internet and other media). Promotion is not broken down into subcategories. For managers and investors especially it is nevertheless an important aspect since it drives traffic to the site. The user itself is less affected by this category.

- Made for the medium (designing a website to fit a particular user's needs i.e. customisation and personalisation). Content should be dynamic rather than static, tailored to the unique needs of a specific user (Peppers and Rogers, 1999). Suggested subcategories are:
  → Community (gathering together various users to be part of an online group)
  → Personalisation (technology-oriented customisation of a website)
  → Refinement (the importance given to current trends)

- Emotion (affective reactions invoked by a website). There are four subcategories related to emotion:
  - → Challenge (degree of difficulty in respect of accomplishment)
  - → Plot (how the website produces a user's interest)
  - → Character strength (credibility offered by the website)
  - → Pace (how the site provides a user to manage the flow of information)

Agarwal and Venkatesh's (2002) goal was to develop a metric and procedure to define the quality of an organisation's website. Usability according to their point of view is a fundamental component for a website of the total user experience. Through field application they conceived detailed insight into specific aspects of web design for different kind of users across different types of industries. Their conclusion is that managers and firms who constantly need to evaluate their investments can do so by using usability as a metric for the design of their website and a procedure for operationalising its use. Unlike all previously mentioned studies Green and Pearson's (2006, 2007) are one of the few researchers who consider content not as an essential criterion of website usability but rather to be part of usefulness. They determined the importance of navigation, customisation and personalisation, download speed, accessibility and ease of use.

We can see that researchers, who have investigated usability in depth, have come to different conclusions by analysing and evaluating various usability criteria with different outcome and importance.

For this empirical study the author has found that content is an essential criterion for web usability due to the importance of the information choice in e-tourism and the statements of the interviewees.

2.4 The emerge of e-tourism

In the last few decades information and communication technologies (ICT) have drastically changed the way business is being done (Porter 1995, 2001). The tourism and hospitality industry has been especially affected by these changes, particularly the way their products and services are distributed (Fesenmaier, et al. 2000).

The impact of the Internet includes almost any aspect of the travel and hospitality industry, from information distribution and marketing to travel and hospitality product and service purchase. With the constant development of new technologies that are introduced into the market it offers new opportunities for hospitality and tourism e-commerce (Zhou, 2004). The Internet has changed the traditional situation of how tourism products and services are distributed together with a parallel change of the consumer behaviour and attitude (Buhalis and Licata, 2001). Tourism is considered "as the most important economic sector of the e-commerce activity (Longhi, 2008)." Statistically e-tourism forms 30% of the activity in tourism in the USA and 7% in France accounting for 50% of the overall e-commerce transactions can be led back to tourism. In Europe the annual growth of e-tourism has gained 50% both in 2003 and 2004 and is continuing to grow strongly. Interestingly the tourism industry seems to constantly be growing in spite of all the political or natural hazards that happen around the globe. This is due to the convenience of an unlimited information space and 24/7 service (Zhou, 2004).

According to Mike Teasdale, Planning Director at Harvest Digital (www.e-consultancy.com) "the Internet has always had a special affinity with the travel industry [...] Obviously offline media still has a vital role to play in the marketing mix, but once an online consumer is interested in a specific destination or holiday, they use the Internet to research and buy."

According to Rastrollo and Alarcon (2000) tourist information has become the most popular and frequently visited information on the Internet. It is information that sooner or later everybody will need. "Information is a basic aspect of the product of the tourist industry, and the use of ICT has been at the core of the way it has been structured in the last few years." It is an essential criterion to online travel users to book their holidays based on recommendations from friends or other online travel bookers. Their opinion, what they have experienced during their vacation, means a lot to them. Such "recommendation websites" have gained a lot of importance nowadays where users post tips and recommendations about good places to go e.g. TripAdvisor.com (www.e-consultancy.com)

In respect to this research, content is obviously an essential criterion for assessing web usability.

Although functionalities of tourism websites have been drastically improved, the usability of these websites remains a problem (Pan and Fesenmaier, 2000). Not only do travellers have trouble finding the right information they are looking for as the amount of online travel information keeps increasing, but also the Internet navigation requires different skills (Frew and Hitz, 2003). As mentioned before:" trip planning on the web is a frustrating experience" (Radosevich and Stoltz, 1999). The usability problems that occur during the process of online-tourism-information search may also be connected to the travellers' background knowledge and individual demand (Pan, 2003).

Summarizing on what has been mentioned above the following can be concluded: little research has been done on e-tourism and website usability. Degen and Pedell (2003) are one of the few who investigated some design factors that could be parameters for the interface design. These factors are content, function, layout, linkage, wording and media that will partly be considered for this research. Hence, the author found this to be an opportunity to investigate these two alpha aspects connected with the Internet and observe essential usability criteria that are indispensable for users on e-tourism websites.

3   Methodology

In the previous chapters the various existing definitions and criteria of web usability were presented as well as an introduction to and the current status of e-tourism. In this third chapter the research methodology, the usability testing method – where users are asked to think aloud – and the interview procedure will be described.

3.1   Research methodology

The main goal of this study, with respect to the research question, is to shed light on the key criteria of web usability based on the website Tiscover and to draw further conclusions with the results for other e-tourism websites. The website was chosen due to its Austrian origin and the convenient collaboration together with the author.

Although the company was showing great interest for the author's research no sensitive data was provided to analyse the company in depth.

For this research, both quantitative and qualitative are possible approaches to obtain certain results. Whereas quantitative researches involve large-scale sets of data, adopts an objective position and is outcome-oriented a qualitative approach has been chosen. This is primary due to the objectives and the research question that imply a concern with understanding the behaviour from "actors", a non-numeric data collection and a focus on details from a small number of people. Another reason for a qualitative approach over a quantitative one is that the study reveals an explorative investigation with the purpose to learn from participants, their point of view and the way they interpret what they have experienced in depth (Blaxter et al., 2006). Participants are asked to think aloud, what they opine about the given task(s) in order to monitor and analyse the problem solving-process. The think aloud method during problem-solving means that the participant keeps on talking, speaks out loud whatever thoughts come to mind, while performing the task at hand. Participants are encouraged to inform the experimenter about concurrent thoughts and avoid interpretation or explanation of what he or she is doing; one should only concentrate on the task (Someren et al., 1994). Since there is a lot of data obtained from each individual, think aloud interviews are normally conducted with small samples of participants. This method is often analysed quantitatively but also coded qualitatively in order to gain more information-rich data (Hill & Hannifin, 1997).

The interviews themselves were semi-structured and conducted face-to-face. Semi-structured interviewing starts with more general questions or topics. Not all questions are designed and phrased in advance. The majority of questions are created during the interview, allowing both the interviewer and the person being interviewed the flexibility to probe for details or discuss issues.

As a common approach in qualitative research a "purposeful sampling" was chosen rather than a "random sampling" where the researcher has carefully selected the participants in respect to specific criteria in order to gain essential data for this research. Potential participants are those who are familiar with the object of research, able to reflect about it and open to invest time and willingness to provide assistance during the study (Morse and Richards, 2002). And last but not least:" qualitative data are sexy" (Miles and Huberman, 1994) as they are a fruitful and rich source to analyse and describe social phenomena.

3.2 Usability-testing method

Before the website analysis could commence, great attention has been paid to the various methods that can be chosen.

There are different approaches how to evaluate a website such as the *heuristic evaluation* (Nielson, 1993) which requires usability experts or evaluators with good experience who are familiar with the subject and likely to detect as many problems as possible. The problem with this method is that the errors found may improve parts of the design but overlook other relevant usability issues (Lecerof and Paternó, 1998). Another approach is *usability-testing* (Dumas and Redish, 1994) where users try to accomplish a specific task while their behaviour is being observed. The users are being shown a website, a prototype of a site or some sketches of single pages and asked to either figure out the purpose or use the site to do a typical task. Steve Krug (2006) used to describe usability-testing:

"The best way to think about testing was that it was like travel: a broadening experience. It reminds you how different-and the same- people are, and gives you a fresh perspective on things. "

Usability-testing has also been chosen for this research since it is the best way to "diagnose problems" in combination with the think aloud method (Dumas and Redish, 1994). Testing is an iterative process that should be applied more than once in order to explore if the problems found were successfully solved.

The primary goal of usability-testing is to improve the usability of the product or service. Within the general goal there are more specific goals, i.e. concerns. In case of this research a concern is that users/ participants should outline issues or problems during the booking process that lack on the website Tiscover in order to define specific usability criteria. The behaviour of users, what they say and how they react, should be observed and recorded. Once the data has been analysed, the problems should be addressed finally recommendations for solving them can be produced.

The question how many participants to include in such test has received various answers. Nielsen and Landauer (1993) for instance suggest that five users are more than enough for usability-testing. In their chart we can see that the data collected from the first user covers almost one third of all there is to know about the usability aspects of the design.

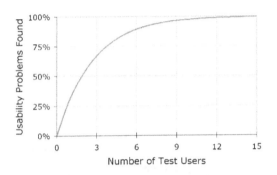

Figure 1 Why You Only Need to Test with 5 Users (www.useit.com)

When the testing starts with the second user most of what has been discovered by the first one will overlap, but logically all people are different so there will be also some new issues added by the second person. This is imperative to the third, fourth and all the users that follow. The more users you add the less you learn, "After the fifth user, you are wasting your time by observing the same findings repeatedly but not learning much new" (Nielsen and Landauer, 1993). The graph indicates that testing should be done with 15 users but Nielsen recommends that user testing is more effective if run via multiple tests e.g. three tests with five users each.

Who are the best participants for a usability-test? Krug (2006) breaks the secret stating that "it doesn't much matter who you test, […] all you really need are people who used the web enough to know the basics." In the case of Tiscover there is no "clear defined" target audience, it is for any kind of online travel user who is interested in either searching simply for information about accommodation or planning and booking a trip to one of the offered destinations on their website. Hence the author chose holiday-seekers between 25 and 35 years, keen to book online and willing to participate in the study.

3.3   Sample & Interview procedure

As mentioned before six different participants between 25 and 35 years with no special gender requirements have been chosen for this study. This is based on a study by Research from Nielsen//NetRatings, Adviva and Harvest Digital (www.e-consultancy.com), a full-service online marketing agency which reveals that "Online travel booking and research is even more common for 25 - 34 year olds, and for people booking with four weeks of their departure date [...] In both cases 68% of people would book directly on the Internet." The survey also reveals that there are no major differences in the travel booking habits of men and women.

Since the website does not address a specific target group, the only criterion for the chosen sample was to have experience using the Internet in general. The participants ranged from an affiliate manager to a molecular biologist, primary school teacher to an IT programmer all keen with online shopping- and booking.

The interviews were taken separately during an entire week and took place in a quiet and relaxing location, in most cases at the interviewees' home. All participants were provided with the same notebook and Internet connection to avoid inconsistencies during the test process. The one-to-one interviews were recorded on a digital MP3 recorder and notes were taken additionally in order to remember certain facial expressions. The interview structure ran under the topic "get it" and "key task testing" (Krug, 2006) where participants were not informed about the topic beforehand to let them find out the purpose of the site and how it works. With "key task testing" the idea was to give the participants a certain task – in this case selecting a destination on Tiscover's website and let them make a booking – and observe how well they do. According to Steve Krug (2006) the author followed his recommendation and let participants choose between the options provided on the website. "When people are doing made-up tasks, they have no emotional investment in it, and they cannot use as much of their personal knowledge."

The average length of each interview was 30 to 40 minutes. The interviews later on were transcribed on paper. The interviews were held in German since it was the mother tongue of all people that were questioned. Once the interviews were transcribed, the key data i.e. the interview summary was translated into English. The interview questions, the six interview transcriptions and the corresponding interview summary sheets are attached in the appendices.

To illustrate and interpret the resulting data, the author chose the content analysis method (Mayring, 1994a) since this method provides a bundle of techniques to reduce given texts systematically. The basic idea of the content analysis is to fit the material into a model of communication; the communicator should express his/her experiences, opinions and feelings. It is essential to analyse the text step by step, dividing it into categories which is the "centre" of the analysis. The procedure itself is pretentious i.e. inter-subjective, comprehensive and should be comparable with the other results.

The procedure of the content analysis and the interpretation of the categories is shown in the figure below. The main idea is to formulate a criterion of definition derived from the research question which determines the aspects of the textual material taken into account.

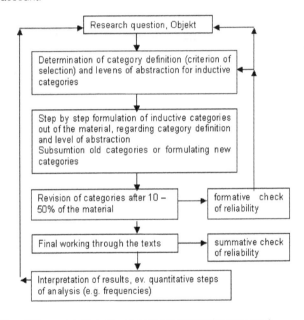

Figure 2 Step model of inductive category development (Mayring, 2000)

The results of the following analysis undertaken will give insight into how users experience the website Tiscover with the aim to define essential usability criteria that offer solutions to the company and other e-tourism websites in general.

4 Analysis & Results

According to the analysed website Tiscover and its booking process this chapter is structured into a more general analysis of the Homepage and the four continuing steps of the booking process. Additionally an extra point of "how participants perceived Tiscover's website" will be attached.

It is worth mentioning beforehand that none of the participants was willing to finish the booking process completely and wishing to abandon the website before it could come to a transaction.

For a better visual appearance all direct citations are shown in *italic*.

4.1 Step 0 – Home

"The homepage is your company's face to the world" was once stated by the usability guru Jakob Nielsen (www.useit.com) and it seems logical to include it as a category for this research.

The first impression of participants of Tiscover's homepage was ranked even. According to one part it seemed not to be clearly structured and reflecting a chaotic organisation of the site itself. They stated that Tiscover offered too many booking possibilities but not providing any leading instructions where each user with his/her specific needs should click on. During the scanning process of the homepage the participants also realised that the content of these booking choices contained more or less the same, saying that there is hardly any differentiation between "International" and "Top Resorts." Observations also revealed that the design may have a decent visual appearance but the message of this site is not stated clearly.

Interestingly all of the interviewees were convinced that users who tend to search on this website for a certain destination would need to have a specific goal in order to complete their task successfully. "*I would not use the website if I didn't know where exactly I wanted to go.*" Another declaration, confirming the statement above, was "*if I was a Luser (Loser + user) I would be confronted with difficulties, I cannot see any guidance where I should click, it's all up to me.*" This statement justifies a definition for web usability that was formulated by Steve Krug and used for this research i.e. "A webpage should be self-evident, obvious and self-explanatory."

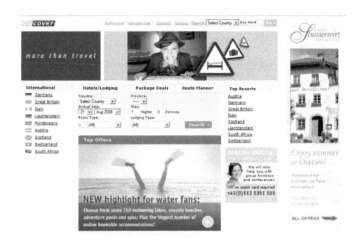

Figure 3 Homepage (www.tiscover.com)

Half of the participants were not certain about the visual appearance of Tiscover's homepage.

It should be a website's job to get rid of all the puzzlement and question marks when interested users come to their website, to support them by finding what they are looking for.

There was an interesting observation concerning the company's home: some participants who started to commence the search process and for whatever reason wished to go back to the initial page were not able to do so. There was no chance to return to www.tiscover.com since the URL changed to a regional domain for instance when selecting Italy as a destination the URL switched to www.tiscover.it. Participants reacted very annoyed to this happening because one thing that should always be possible is the way back from where you came from. Especially novice users were helpless to this situation and desperately clicking on the link "home" or using the back-button which never brought them back to Tiscover's original site.

More experienced users soon responded to this incidence and re-entered Tiscover's URL into the address bar and continued with their procedure.

Another thing that was mentioned by participants was the image and slogan of Tiscover "More than travel" which was picked-up as being too big. "*They should rather keep it more decent and highlight more the things you can actually do on their site*"

The other half of participants nevertheless ranked Tiscover's homepage as well-arranged, appealing and with good visual appearance. *"There isn't much advertising which I find very comfortable. You don't get directly the feeling that they want to sell you something."*

Since travelling is associated with international people and cities the offer of three different languages received very positive feedback. Most of the participants discovered the image of the lady with the Tyrolean hat which was welcomed very warmly. *"It represents Austria, it's a good thing to integrate a patriotic spirit and show where the site originally comes from."*

4.2   Step 1 – Search

In step 2 users are asked to specify their search criteria in order to get matching results according to their requirements e.g. desired destination, date of departure, room type etc.

During the interview session it was observed that participants were accessing their search via different links. The majority was clicking on "International destinations" on the left-hand side. Independently which region they chose, the site that followed was structured differently e.g. containing different layouts, different structure of content or different calendars etc.

Those who used the search function in the middle of the homepage expected more destinations to appear than those offered under "International" or "Top Resorts". The combo "Top Resorts" on the right-hand side was rather seen as an influential link, *"It looks as if they want to talk you into something."* As a third option some participants tried to search for non-mentioned regions in the search box on the upper right corner and entering the desired destination hoping to be successful. Instead an error message pops up saying "Please select a country". There is no clear explanation why users were told to re-enter a country, since the destination was spelled correctly and no indication was given that the country was not included in the list. Leading back to Steve Krug's book "Don't make me think" this would be a good situation to change the error message to something more specific such as "no offers for this destination" in order to circumvent that people have to think about things that could be prevented by using correctly formulated error messages.

Other participants were confronted with error messages during the search process like "Tiscover cannot find any available rooms that were booked for your selected dates." Firstly they complained about the wrong language use and secondly that no proper clarification was given to them in order to specify their wrong search criteria again. *"They don't tell me the problem of my search, is it the date that does not fit or the type of accommodation I chose? I am in a blind alley!"*

Irritated by not being informed what went wrong users had to re-introduce their whole search criteria, *"This is really annoying; they know where I want to go! Tiscover should actually remember the destination I was entering before."*

It was observed that users had to "play around" with their search criteria if they were told that no vacancy was available. During the various interviews the motivation was definitely lowering and first thoughts for abandoning the site arose.

Depending on which destination has been chosen a different layout appeared which demonstrates the inconsistency of the website and made participants struggle. For instance if a Scotland was selected it happened that the site changed to an external site. Tiscover's layout of green and blue background switched to a different website with different logo and colours.

Figure 4 Different website when selecting Scotland (www.visitscotland.com)

All users who selected an English-speaking country were surprised by an automatic language change into English. Since all participants were proficient in the English language the reaction was not too fierce. *"I mean, it's not so important to me but I could imagine that it could alienate people who aren't too confident with their English!"*

Another inconsistency detail was detected during the searching process. The majority of participants noticed different styles of calendars. Some did not offer weekdays but only dates, others did and sometimes calendars had a pop-up function where one could check weekdays and dates for the following year. The inconsistency of calendar layouts was found to be an important criterion of Step 1 and therefore can be considered as a fundamental aspect of online travel portals.

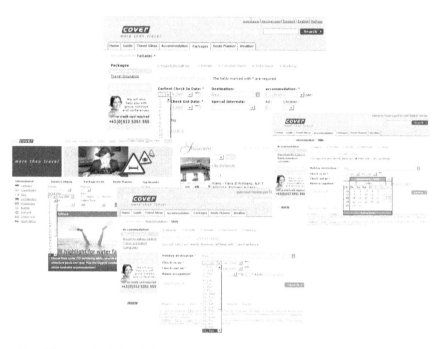

Figure 5 Different calendar layouts (www.tisocver.com)

During the simple search participants initially could not make use of the information icon that was supposed to facilitate their searching when they did not know where to enter their destination.

Figure 6 Information Icon (www.tiscover.com)

Their next intention was to go to "detailed search" and see if they could be successful there. After some time spent trying to receive some results, some participants coincidentally stumbled over the icon that finally did help them but they stated that the icon *"wasn't represented clearly!"* Metaphors and mapping on websites are quite risky if they are not used with the same functions. Nielsen (2000) says that "Users don't live in the metaphor world, they live in the real world." Therefore it is advisable to be rather descriptive and explain each element for what it is for instead of placing random symbols.

The more demanding the search requirements of each participant became the more they had to re-select their criteria. It happened that some users had to re-enter their data up to 4 times to a point where all requirements were left up to Tiscover. At some point they were also shown a telephone number to call the "stated travel expert" which appeared inappropriate since the intention was to book online.

If potential customers start loosing a lot of time in the initial phase for instance when figuring out how to introduce their search criteria correctly, how to make use of the given calendars to enter their departure/ arrival dates, it is most likely that they will abandon the website and try to reach their goal on another website.

4.3   Step 2 – Results

In Step 2 Tiscover provides users with results according to their search criteria. It is worth mentioning beforehand that the majority of the participants considered abandoning the website during Step 2 as they were confronted with too many difficulties such as inconsistency, lack of content or ease of use during the prior steps. Participants were irritated because of the limited amount of accommodations that were offered to them when choosing a specific region. "*1 Hotel? OK, well this is the point where I'd leave the website because I know there are much more offers on a regional website for instance.*" If the goal or desired result is not represented there is apparently nothing that can keep users on a website. The contrary incidence, namely a huge list of hotels with no chronology was reason enough to make people feel sceptical to proceed with their search. Cities with their respective hotels could be sorted alphabetically (A – Z) where much time was spent to search the desired location's initials requiring a lot of click-through. Participants made quite an effort to find the requested city and came across the next problem namely categorising the results not only alphabetically but also by price. "*I think I am getting old here.*" A "*confusing*" list with no chronology was the result that made it hard for them to narrow down their search and find a matching accommodation. Another issue was to adjust the results with a preferred area e.g. beach, mountains etc. Participants tried to alter their searches various times to get to the desired location. Neither links such as "special interests" providing an empty combo nor "detailed search" with no possibilities for the required search were helpful. "*I assume that Tiscover offers only accommodation in the mountains since I cannot find anything on the beach […] maybe because of the image of the alp lady on the initial site?*"

When participants accessed the detailed hotel description the first thing they did was to scan for images and filter the information they needed. They claimed for a more generous photo gallery with the possibility to enlarge each image. "*I'm a visual person. I prefer pictures rather than text, especially when I'm planning a weekend trip.*" Poor aesthetics is not a severe problem on a website but would certainly contribute positively to the customer's overall satisfaction.

The hotel information with their respective amenities was partly irritating since too much irrelevant content was presented e.g. winter information although they were planning a summer holiday or more seriously duplicated information in general. The participants requested a more profound focus on key information to avoid the additional effort to read through text of no relevance.

The majority of users were pleased that together with their search results they were provided with the mash-up of Google Maps to view the given locations concurrently on a map. This facilitated their overall booking process since the offered places were immediately visual which in some cases accelerated the entire progress.

Referring to point 1.4. E-tourism and the importance of other people's opinion regarding their experience of certain places, participants also reacted positively to the possibility to sort their search results by consumers' ranking. They tended to select a type with a lot of ranking points – if it was also in their interest – rather than one that did not have any points at all. It is obviously a required aspect to let travellers recommend certain places they have been and give other people the chance to share their experience and use the rating as a reference.

4.4   Step 3 – Details

In this step users are provided with a summary of their selected accommodation type i.e. details of their booking. Participants seemed to read this part rather carefully since it contains information about prices, travel insurance and length of their stay. It was noticed that the title for Step 3 "Room options of accommodation; you are searching for: 1 product for 2 adults from… " was not optimal. Participants did not get the feeling that the "product" they have chosen was personalised enough. "*I know already what I want, so why do they tell me that I am still searching*?" A better formulation would be "Your booking of 1 double room from…"

They would have also preferred a greater variety of hotel pictures rather than seeing the same image in every step. It would have contributed to more emotional reactions by users if the number of pictures differed a little bit.

Figure 7 No personalisation for Step 3 (www.tiscover.com)

Some participants who were interested in travelling to Italy were confronted with a mixture of German and Italian language in this step which confused them. "*That's strange! Why do they mix the languages although German and Italian are separately offered? Either they stick to one or the other.*" The accommodation amenities under Step 3 had a description that in eyes of some participants was a bit too detailed and therefore overloading them with unusable information such as power socket, running water. "*I hope that they have all those things…*"

The possibility to additionally add or take out a travel-insurance offered by Tiscover together with the selected accommodation was considered as useful. The only part that irritated the interviewees was that the travel insurance was automatically ticked with an additional surcharge. Users who did not prefer this extra coverage and unticked the function did not receive an updated booking price. They were obliged to recalculate their total sum by clicking on a button "calculate amount" that was not obvious to them in this instant and therefore required an extra effort. Those who were curious about the travel insurance's benefit noticed "*funny characters*" in the pop-up window that appeared when clicking on it. It felt like nobody was actually supervising the website occasionally to provide current and accurate content in regard to texts and images.

31

4.5 Step 4 – Data input

In this step users are asked to verify their booking and enter their personal data, including a credit card to confirm their booking. All participants were informed beforehand that Step 4 was going to be their final move for the entire booking process since there was no substitute for a fictive credit card to use instead.

At this point the title changed to the preferable and more personalised heading "Your booking ..." with a short summary of the booking criteria but still displaying the same hotel picture. This is the step where all participants were concentrating most as this is the part where money comes into play. All information provided on that page was read carefully. The first stumbling block was the field of the "co-insured person", marked as a required box. None of the participants were certain why so many boxes had to be filled out (for two adults, four fields were required) and what exactly "co-insured" meant. Like in Step 1, the information icon was hardly recognisable and indicated how to complete this field.

What security is concerned only one participant realised the switch from an http-connection to an https one, which is a secured site where sensitive data such as credit card details is protected and can be entered. The terms of business that are required and have to be accepted were only ticked without reading by all participants. Users seem to rely on the conditions of travel portals as they "*are the same on each tourism site anyways.*"

Therefore we can assume that security in the sense of a usability criterion can be considered as non-relevant to users.

Continuing with the data input the majority of participants - if not decided in the previous steps - were determined to leave the website at the latest when reading confusing information about the deposit, furthermore described in a mixture of different languages. Additionally it happened that extra information was presented mentioning a "down payment", stating "down payment for the booking of your package due is required" and left all participants perplexed. After re-reading the text a few times participants guessed that it was somehow directed to the hotel owner. "*Why is this text not stated clearly? Why do I have to pay another deposit?*" Users who chose a long stay had to pay a great amount of deposit and since they did not understand the exact purpose of "*two deposits*" they preferred to abandon the website before paying a huge sum without knowing why. It was also considered to call the help line and clarify the "*load of confusion*" since they had made the effort through all the previous steps and did not want to resign in the final one.

Those who were willing to continue with the booking and entered a fake credit card number assumed that the following site would indicate their wrong data input. During the process their facial expression was also observed which showed that participants were holding their breath and rapidly searching for clarification. The site stated "Your booking of..." all kept in green without a visible alert of incorrect data input.

Participants started to scroll down and found an indication at the very end about their wrong credit card number. "*For a moment I was seriously shocked! I thought that the booking went through.*" After some time they realised that the breadcrumbs, (a navigation technique that indicates users a way to keep track of their location within programs or documents) from Step 1 to Step 4 still displayed Step 4, but the majority expected an alert in big red letters on the top of the page highlighting their mistaken data entry.

Summarising Step 4, where the input of personal data is required, users tend to read and act much more carefully since a transaction is most possibly going to take place. All information stated under this step will be evaluated thoroughly and can be a definite reason to abandon the website if it is does not sound logical to them. Error messages also play an important part and should constructively suggest a clear solution as not all online users possess the same web experience.

4.6 How did participants perceive Tiscover's website?

One of the initial questions during the interview sessions was the awareness level of Tiscover. The majority of participants did not know the company or come across their website prior to the interview. Those who heard of Tiscover partly recalled negative experience using it; some also received positive feedback from work colleagues or friends.

Now what has been the overall perception of Tiscover's website after trying to make a booking? "*It seems as if programmers designed everything without involving users.*" Users have to read too much irrelevant information to find what they are looking for, involving too many clicks for completing the task. It gives the impression that Tiscover is applicable for simple information gathering rather than to book online. Participants independently affirmed that using the website is very time consuming and *"without a specific goal it's impossible to find something."* Booking online should help users to accelerate their search and not drive them to contact the call centre.

These could be plausible evidence why the company had only little increase in their online bookings between the years 2000 and 2007.

4.7 Answer to the research question

How should Tiscover design its usability features in order to optimize the booking process?

In regard to the research question and the data gained from the empirical study – which of course cannot be denoted as representative – some similarities and differences can be concluded. The information provided by all participants was filtered and coded via the content analysis that contributed to the diagnosis of certain usability features that lack on Tiscover's website. The figure below summarises again the most important criteria that help to answer the research question:

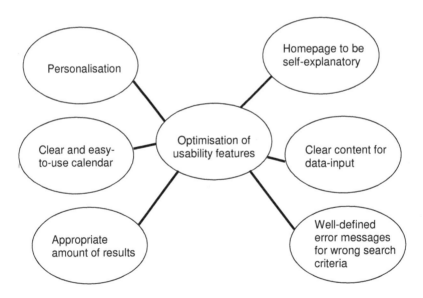

Figure 8 Essential usability features

The analysis was structured into five major categories (homepage, search, results, details and data-input) with the intention to gain information-rich data and to later on suggest solutions for the design of their usability features. It was found out that users were especially critical with Step 2 and Step 4, the results and the data input of the booking process.

Therefore we can provide Tiscover with the following suggestions for the design of usability features in order to optimise their booking process:

- Homepage should be self-evident with obvious links to reach their goal
- Calendars provided under each link must be consistent and facilitate the search
- The search should offer clear-defined error messages if the data was entered wrongly and support a quick- and smooth- running process
- The results provided by Tiscover should underpin the users' search criteria, offering the right amount of hotels to avoid an overload of information
- Details about the selected result are useful if they are personalised and coordinated
- The purchase of a specific accommodation type will only take place if the data-input instructions are logical to users and if error messages help them to correct their mistakes

5   Conclusion and recommendations

In this following chapter the limitations of this research, recommendations for similar e-tourism portals and a summary will be described.

5.1   Limitations

Prior to discussing the findings of the analysed interviews, certain limitations of the research that influence the results must be acknowledged. Firstly it must be mentioned that the booking process of the tested website consists of five steps i.e. search, results, details, data input and confirmation. In this research only 4 of the five steps have been analysed since no fictive credit card was provided by the company in order to include the transactional part of the booking process. This circumstance may have influenced the overall approach of each participant as they were not under the pressure of actually buying something. This could have been an additional observation could contribute to more findings. However, the confirmation part had to be left out and limits the booking process for this research.

Secondly it should be remarked that the usability testing method together with the think-aloud method was chosen for analysing the online travel portal. Nielsen and Landauer (1993) suggested five participants for the testing since a larger number of participants would not contribute to more findings. Usability testing is iterative and should be repeated at least two more times to verify if the problems detected were solved. In this research a sample of six potential participants with online experience has been selected to test and comment on the website shown to them. According to the authors mentioned above this would be more than sufficient but due to the chosen company and time constraints, the future outcome of the derived results is left open. An improvement of the website and the problems found depends on the continued collaboration with the company.

5.2 Recommendations

Through the analysis of a specific website it was possible to demonstrate certain findings about important usability criteria. Participants gave their opinions about what seemed important/ essential, what turned out to be interesting/ difficult, useful/ irrelevant to them. With the analysed information that was gained from all interviews and the response to the research question it is intended to provide recommendations for similar online travel portals. Therefore we will recall the positive and negative aspects of Tiscover's website shown in the table below:

POSITIVE ASPECTS	NEGATIVE ASPECTS
Homepage	**Homepage**
- clear and appealing design, no annoying advertising - Selection of 3 different languages - Image of woman with Tyrolean hat represents Austria	- Content of all 3 destination similar (no guide where to click) - Once started with search process no return to the home possible
Step 2	**Step 1**
- Consumer rating useful/ well-accepted - Mash-up Google Maps showing exact accommodation location	- Calendars are inconsistent and not user-friendly - Search criteria inconsistent - No clarification of no availability (apply error message) - Repeated data entry when doing new search - Language inconsistencies - Navigation barriers– switch of websites for specific destinations - Information icon unclear
Step 4	**Step 2**
- Secured website (https)	(Majority of participants ready to abandon website) - No chronology of hotel list - Too little/ too much offer occasionally - Difficulties specifying location (beach, mountains etc.) - Too much click-through finding required accommodation - Sort by A-Z and by Price not possible
	Step 3
	- No personalisation - Irrelevant information - No representative photo gallery - Price not calculated automatically
	Step 4
	- No personalisation - Too many unclear fields - Irritating text about different deposits - Error messages not well-defined

Table 2 Pros & Cons of Tiscover's website

Essential criteria in Step 0, the homepage, are to offer users a clear and well-arranged website that is self-explanatory and whose purpose is self-evident. It is always positive if the website presents its origin by a slogan or picture and gives users an impression of what it is about and what it does. The possibility to return to the homepage should always be kept as an alternative to the user and not turn into an odyssey. Propose users a variety of options, well guided, in order to let them find what they are looking for and avoid distracting them by a lot of advertising. It is certainly welcomed if the website provides different languages since it reflects an international touch. These languages should be definitely consistent and not be mixed up during the booking process.

In Step 1 users often do not have the visual notion where exactly find the desired location, therefore offering them a map with the searched destination is definitely helping them. Calendars are, besides of error messages, the essential criterion for online travel portals and e-tourism websites in general. A clear, easy-to-use and consistent calendar to prepare their holidays is a must to facilitate their search. If the location or type of accommodation is not available for the desired dates, it should exactly be defined why. Hence, users have to only change a small detail in their search and it can save them the "guessing-game" and clarify what actually went wrong. A logical assumption to users is that the search criteria entered prior would be remembered if the search has to be changed due to unavailability.
If mapping or metaphors are applied in the booking process it should be well considered in advance since a lot of users are not aware of them and prefer clear constructions rather than symbols to accelerate their search.

In Step 2 is it important to relieve users with the bulk of information given to them and offer them different types of search possibilities. Very helpful indeed is the rating done by previous users, to sort by price or by category with the option to apply all of these simultaneously. People expect a matching list of results according to their search. Neither too little nor too much offer is accepted by users. Firstly if they receive only one offer they assume that it will be similar for all the other destinations. Too much offer is rather annoying and too time-consuming since a lot of click-through is required. There should always be a visible option to specify the region geographically if offered by the website's portfolio so users won't have to search for it.

When users come to Step 3, they expect more personalised details since they have searched and selected a specific destination together with an accommodation type. An option with clearly structured and relevant information of the accommodation and a nicely arranged photo gallery is advantageous since users prefer visual appearance over irrelevant text.

In Step 4, the data input, users are in most cases ready to purchase what they have searched and selected. If they are confronted with too confusing information regarding the data entry they either abandon the website or may contact the call centre. Both scenarios imply a failure of communication. Error messages again are essential for this step since money involves certain seriousness and if credit card details are entered incorrectly should be articulated explicitly.
If websites offer clarification about their security arrangements they will definitely have a plus although it does not rank amongst the most important criteria.

The presented research provides a basis for an e-tourism website and important usability criteria from the point of view of users. Since the study focused particularly on users from the same country of origin it would be interesting to continue the research and concentrate on users from different countries with different cultural backgrounds to see if the usability criteria according to navigation, information seeking etc. change.

5.3 Summary

This study aims to give insight into the unexplored world of important web usability criteria in combination with a selected e-tourism website. With an extensive offer of online travel portals nowadays the question arises why some portals are more popular than others? What is it that troubles regular online users when trying to search and make a booking? There may be a lot of reasons why some portals are more successful than others but one definite factor that contributes to a company's sales increase is the usability of its website i.e. how easy it is for users to use a certain website in order to accomplish a specific goal. Online users tend to click from one link to another in order to find what they want, all within a huge information space. Therefore it is imperative to provide users with navigational support to help them reach their goal as quickly as possible.

A profound research about web usability and fundamental usability criteria has been undertaken to demonstrate the origin, evolution and importance, discussing the most prominent authors regarding this topic, their findings and point of views. In regard to web usability many definitions and techniques how to measure and evaluate it have been developed, obviously with an outcome of different criteria. This research did not focus on any specific criterion that was mentioned in previous studies but considered all statements gathered from the interviews for potential and future usability criteria. E-tourism which is a rather unexplored topic in regard to web usability, at the same time happens to be a very current subject in today's consumer society and therefore should be paid more attention. Although booking trips over the Internet has become commonplace over the past few years there are still many hurdles with which users have to struggle with. Users appear to be very impatient and critical when coming across a new website, therefore a good first impression of a portal's homepage – the virtual face of a company - often decides everything.

This research combines the two topics, presenting a theoretical overview and a proper analysis that could help companies design and/ or restructure their internet presentation.

6 References

ACM SIGCHI (2002) *Curricula for Human-Computer Interaction, ACM Special Interest Group on Computer-Human Interaction Curriculum Development Group*, (online) Available at: http://www.acm.org/sigchi/cdg/, Accessed: July 2008

Agarwal and Venkatesh (2002) *Assessing a firm's Web presence: A heuristic evaluation procedure for the measurement of usability*, Information Systems Research, Vol 13., pp. 168-186

Anonymous (2006) *Step-by-step usability guide*, (online) Available at: www.usabilty.gov, Accessed: June 2008

Blaxter L, Hughes C., Tight M. (2006) *How to research*; Third edition, Open University Press

Buhalis D. and Licata M. (2001) *The future of eTourism intermediaries*, Tourism Management, Vol. 23, pp. 207-220

Degen H. and Pedell S. (2003) *JIET Design Process for E-Business Applications*, In: Handbook of tasks analysis for human-computer interaction, Diaper D. and Stanton N., Eds. Mahwah, NJ: Lawrence Erlbaum Associates, pp. 193-220

Dumas J. and Redish J. (1994) A Practical Guide to Usability Testing, Norwood, N.J.: Ablex

Dutta, S., Kwan, S. and Segev, A. (1998) *Business transformation in electronic commerce: A study of sectoral and regional trends*; European Management Journal, Vol 16, pp. 540–551

Econsultancy (2006) *Press Release: Research from Nielsen//NetRatings, Adviva and Harvest Digital into the online travel habits of UK consumers*; (online) Available at: http://www.e-consultancy.com/news-blog/362394/research-from-nielsen-netratings-adviva-and-harvest-digital-into-the-online-travel-habits-of-uk-consumers.html, Accessed: July 2008

Fesenmaier D., Klein S., Buhalis D. (2000) *Information and Communication Technologies in Tourism*, Vienna: Springer

Frew A. and Hitz M. (2003) *Information and Communication Technologies in Tourism;* Proceedings of the International conference in Helsinki, Finland, Springer: Wien New York

Gianforte G. (2004) *The world at our fingertips - How online travel companies can turn clicks into bookings;* Journal of Vacation Marketing, Vol. 10, pp. 79-86

Green D. and Pearson J. (2006) *Developing a model for B2C web site usability and e-commerce acceptance;* In: Proceeding of web; the 5th Conference on e-business

Green D. and Pearson J. (2007) *The examination of two web site usability instruments for use in B2C e-commerce organisations;* Information and Management, submitted for publication

Haupt U. (2000b) *Internetshopping-Gau vom Designstörfall zu Umsatzkatastrophe;* (online) Available at: http://www.akziv.com/Dokumente/Haupt_Ansorge_2001_Internetshopping-GAU.pdf, Accessed June 2008

Hackos J. and Redish J. (1999) *User Task Analysis for Interface Design,* John Wiley &Sons, Inc, Vol 31

Hill, J. and Hannafin, M. (1997) *Cognitive strategies and learning from the World Wide Web;* Educational Technology Research & Development, Vol 45, pp. 37-64

Huang A. (2002) *A research taxonomy for e-commerce system usability;* In: Proceedings of the Eighth Americas Conference in Information Systems, pp. 638-642

Keeker K. (1997) *Improving Web-site usability and appeal:* Guidelines compiled by MSN usability research

Krug S. (2006) *Don't make me think: A common sense approach to web usability,* 2nd Edition, New Riders

Law R. and Leung K. (2002) *Online airfare reservation services: A study of Asian-based and North American-based travel web sites;* Information Technology and Tourism, Vol. 5, pp. 25-33

Lecerof A. and Paternó F. (1998) *Automatic support for usability evaluation;* IEEE Transaction on Software Engineering, 24, pp. 863.887

Levy M. and Weitz B. (2001) *Retailing Management,* 4th Ed., New York, NY: McGraw-Hill

Longhi C. (2008) *Usage of the internet and e-Tourism. Towards a new economy of tourism;* First Draft, University of Nice Sophia Antipolis and Gredeg, CNRS

Mandel T. (1997) *The elements of user interface design;* John Wiley & Sons, Inc. New York, NY, USA

Manhartsberger M. and Musil S. (2001) *Web Usability- Das Prinzip des Vertrauens;* Galileo Press (online) Available at: http://www.galileodesign.de/download/dateien/18/webusability.pdf, Accessed: July 2008

Mayring, Ph. (1994a) *Qualitative Inhaltsanalyse;* In A. Böhm, A. Mengel & T. Muhr (Eds.), Texte verstehen: Konzepte, Methoden, Werkzeuge (pp.159-176). Konstanz: Universitätsverlag

Mayring, Ph. (2000) *Qualitative Inhaltsanalyse. Grundlagen und Techniken;* 7th edition, (first edition 1983). Weinheim: Deutscher Studien Verlag.

Miles M. and Huberman M. (1994) *Qualitative Data Analysis. An expanded sourcebook;* Second edition. Thousand Oaks, London und New Delhi: Sage Publications

Miller R. (1968) *Response time in man-computer conversational transactions;* Proc. AFIPS Fall Joint Computer Conference

Morse J. and Richards L. (2002) *Readme first for a User's Guide to Qualitiative methods*; Thousand Oaks, London, New Delhi: Sage Publications

Mühling F. (2002) Usability in der Konzeption, in Beier; Nutzerfreundliches Webdesign.", Springer, Heidelberg.

Nielson J. (1993) *Usability Engineering*, Boston: Academic Press

Nielsen J. (2000) *Designing Web Usability;* New Riders Publishing, Indianapolis

Nielsen J. (2002) *Homepage Usability;* New Riders Publishing, Indianapolis 2002 design principles

Nielsen J. (2003) *Usability 101: Introduction to Usability;* (online) Available at: www.useit.com, Accessed: May 2008

Nielsen J. and Landauer T. (1993) *A mathematical model of the finding of usability problems;* Proceedings of ACM INTERCHI'93 Conference, pp. 206-213

Pearrow M. (2000) *Web Site Usability;* Charles River Media, Rockland, MA

Pan B. (2003) *Travel Information Search on the Internet: An Exploratory Study;* Dissertation, Universtiy of Illinois at Urbana-Champaign

Pan B. and Fesenmaier D. (2000) *A typology of tourism related web sites: Its theoretical background and implications*; Journal of Information Technology & Tourism, Vol 3, No 34

Porter M. (1995) *Competitive Strategy*; New York: Campus Business Manager, Vol. 5, pp. 64-81

Porter M. (2001) Bewährte Strategien werden mit dem Internet noch wirksamer; Harvard Business Manager, Vol 5, pp. 64-81

Powell T. (2000) *Web Design: The Complete Reference;* Osborne McGraw-Hill, Berkeley, California

Radosevich L. (1997) *Fixing Web-Site Usability;* InforWorld, Vol. 19, no. 50, pp. 81-82

Rastrollo M. and Alarcon P. (2000) *Competitiveness of Traditional Tourist Destinations in the Information Economy;* Proc. of the International Conference on Information and Communication Technologies in Tourism, New York: Springer-Verlag, pp. 209-217

Shneiderman B. (1998) *Designing the user interface: Strategies for effective human-computer interaction;* Reading, MA: Addison-Wesley

Silge F. (2002) *Usability als kritischer Erfolgsfaktor für den Electronic Commerce;* Diplomarbeit im Fach Systemanalyse, TU Berlin
Someren M., Barnard Y., Sandberg J. (1994) *The think aloud method: A practical guide to modelling cognitive processes;* Department of Social Science Informatics; University of Amsterdam; Academic Press, London

Tarafdar M. and Zhang J. (2005) *Analysing the influence of web site design parameters on web site usability;* Information Resources Management Journal, Vol 18, No. 4, pp. 62-80

Travel Daily News (2006) *The online travel habits of UK consumers,* (online) Available at: www.traveldailynews.com, Accessed: August 2008

Turban E. and Gehrke D. (2000) *Determinants of e-commerce Website;* Human Systems Management Vol 19, pp. 111-120

Tiscover Corporate Information (2008) *Statistiken;* (online) Available at: http://www.abouttiscover.com/xxl/aut/de/unternehmen/index.html, Accessed in June 2008

TÜV-IT (2002): *TÜV-IT – Usability – Zertifikate;* (online) Available at: http://www.tuvit.de, Accessed: August 2008

What is com (2002): *IT encyclopeida provided by TechTarget,* (online) Available at: http://whatis.techtarget.com/definition/0,,sid9_gci213736,00.html, Accessed: July 2008

Werthner H. and Ricci F. (2004) *Electronic Commerce and Tourism;* Communication of the ACM, Vol- 47, no. 12, pp. 101-105

Zhou Z. (2004) *E-commerce and information technology in hospitality and tourism;* Thomson Delmar Learning

Zhou Z. and DeSantis R. (2005) *Usability issues in city tourism website design: a content analysis;* IEEE International Professional Communication Conference Proceeding

Acknowledgement

A stage of my life is about to finish and I am very grateful to all people involved who supported me to complete this master.

This is a good reason to thank my parents, without them I would not be there where I am now. Thank you Julian for believing in me, thank you Marion for your time.

It was a great year in London, new friends and experience will be treasured.

Appendices

Interview Questions

Hello XXXX. I will be walking you through this interview session. You probably know why we are here but let me briefly explain you the purpose of this meeting. I am testing a website that is going to be part of my research and I would like to analyse what it is like for frequent web users to use this site. Just to make it clear right away, that it is only the site I am analysing, not you, so you cannot do anything wrong here. I want to hear exactly what you think while using the website, so please feel free to comment on anything you like, think out loud. The idea is to get as much information from you as possible. If you have any questions during the session, just ask. I might not be able to answer all of them since I would like to know how you would solve a problematic situation on your own, without any help. You may have seen the voice recorder, but this is just for documentation purposes in order to analyse the given information from you afterwards. So let's get started!

- Before we start looking at the site, what is your occupation?
- Now roughly, how many hours per week do you use the internet? And for what reason?
- How do you feel about buying things or booking trips on the internet?

- Now I want you to look at this page and tell me what you think its main purpose is?
- What is your impression, what strikes you about it! (Something like the colours, the images...everything.)
  - And please don't forget to think out loud!
  - For now, don't click on anything!
- What would you click on first?
- Ok, now that we have gone through the homepage, I want you to decide on any destination you want to go and make a booking.
  We will just make the booking till we get to the transaction part.
- What do you think about the information given to you during the process?
- After having completed a booking were you satisfied with Tiscover's service?
- Can you summarize what you liked/ disliked about the site?

Interview Transcriptions

Interview 1 mit Madeleine Ahrari
21. Juli 2008

Leyla: Also... Hallo Madeleine. Ich werde Dich heute durch das Interview führen. Du weißt wahrscheinlich warum wir heute hier sind, aber ich werde dir nochmal kurz den Grund unseres Treffens beschreiben. Ich möchte eine Website testen, die Teil meiner Diplomarbeit ist und würde gerne das Verhalten von Usern, die regelmäßig das Internet verwenden, analysieren. Nur damit du weißt, ich analysiere hier nur die Website und nicht dich, du kannst daher gar nichts falsch machen.
Ich möchte genau hören, was du denkst wenn du die Website benützt, also leg dir kein Blatt vor den Mund und sprich aus was dir am Herzen liegt. Denke laut! Die Idee ist soviel wie möglich an Information von dir zu erhalten. Falls du Fragen haben solltest lass es mich wissen. Ich kann dir vielleicht nicht auf alles Antwort geben, nachdem ich ja wissen möchte, wie du die Situation alleine und ohne Hilfe bewältigen würdest. Also lass uns anfangen!
Bevor wir uns die Website anschauen, sag mir was deine momentane Position ist?

M: Was für eine Position?
L: Na was machst Du? Was arbeitest Du? Was...
M: Ich bin Volksschullehrerin
L: Gut. Ok und wie lang machst Du das schon?
M: Ähm, fünf Jahre.
L: Fünf Jahre. Ähm, alles klar. Wieviel Stunden pro Tag glaubst Du, daß Du das Internet verwendest? Beziehungsweise pro Woche?
M: In der Woche 3 Stunden.
L: Ok und ähm, was ist da der Gund für...
M: Email schreiben
L: Email schreiben, ok. Und ähm bist Du schon mal in Kontakt gekommen mit Onlineshopping?
M: Ja.
L: Was hast Du da gekauft, geshoppt?
M: Ebay und irgendein Gewandkatalog sowas.
L: Ok da hat Du Dir Artikel bestellt.
M: Ähm ja.
L: Ok und hast Du da irgendwie unangenehme Erfahrungen gemacht?
M: Nein.
L: Also hat alles..
M: .. funktioniert.
L: ... funktioniert – alles klar. Ok also wir sind jetzt mal mit den Einleitungsfragen fertig. Ich werde jetzt mal das Fenster öffnen. (Leyla räuspert sich) Ok, also www.tiscover.com ist geöffnet worden, jetzt möchte ich, daß Du mir – daß Du Dir mal die Seite ansiehst und mir versuchst zu beschreiben was der Zweck dieser Webpage ist.
M: Ich kann mir irgendwo Hotels mieten. In verschiedenen Orten und es gibt auch Pauschalangebote und auch einen Routenplaner wahrscheinlich wie man dort hinkommt.
L: Mmh ok, also von Deiner Beschreibung her, entnehme ich, daß Du noch nicht in Kontakt mit dieser Seite gekommen bist.
M: Nein, hab ich noch nie gesehen.
L: Alles klar. Und wie ist Dein Eindruck, was fällt Dir besonders auf? Ist da etwas, was Dir besonders ins Auge sticht?
M: Ja, diese Dame da.
L: (lacht) Ok, und möchtest Du mir dazu etwas sagen?
M: Nein, schaut lustig aus.
L: Ok und ähm, des Weiteren fallt Dir irgendwie auf wieso jetzt farbtechnisch, layouttechnisch, ist das übersichtlich für Dich? Wie, wie würdest Du...

M: Ja es ist angenehm, dass man sofort einstellen kann, eingeben kann, wo man hinmöchte, von wann bis wann. Das ist praktischer, als man nicht erstmal suchen muss wo man sowas eingeben kann.

L: Ok alles klar. Was würdest Du jetzt als erstes anklicken wenn Du auf diese Seite stosst?

M: Ja, gleich diese Auswahlsache. Ich stoss ja nur auf die Seite wenn ich auf Urlaub fahren will.

L: Genau und ich mein, wenn Du Dir jetzt diese Seite anschaust, ich mein da gibt's ja mehrere, also mehr Inhalt, na. Du kannst auch.

M: Na gut ich würd mir halt zuerst die Pauschalen anschauen.

L: Ok wieso?

M: Na weil vielleicht gibt's irgendein super Angebot für wo ich hinmöchte.

L: Ok ähm dann würd ich gerne ähm, nachdem wir uns jetzt die Homepage ähm ein bisschen angesehen haben, dass Du Dir ein Reiseziel aussuchst, wo auch immer Du hinmöchtest und eine Buchung tätigst. Und nur damit Du weisst, es wird der Buchungsprozess nur bis zum Zahlungsprozess kommen.

M: Gut.

L: Also Du kannst tun und lassen was Du willst, also Du kannst Dir auch je nachdem wie Du möchtest die Angebote ansehen und was Dich reizt einfach buchen mal. Und vergiß nicht laut zu denken.

M: Ich hab jetzt auf die Pauschalen gedrückt und jetzt wähl ich ein Land aus, nämlich Italien. Ähm, die Anreise soll sein am 26. Juli und ja 5 Nächte, 2 Personen, soll ma's kompliziert machen, 4 Personen?

L: Zzz… Mach alles was Du möchtest

M: 4 Personen, also eigentlich 2 Erwachsene, 2 Kinder aber hier wird noch nicht unterteilt, deshalb vielleicht ist das dann nachher blöd.

L: mmh,

M: Und ich wähle all inklusive, suchen.

L: (räuspert sich)

M: Jetzt ist gekommen ähm.. aha jetzt kann man unterteilen. Jetzt tu ich mal die Dauer ändern, 5 Nächte, ich möchte 7 Nächte und jetzt kann man unterteilen in 2 Erwachsene, 2 Kinder. Kinder im Alter von… Kind 1 vier, Kind 2 eins. So… es gibt schon eine Ergebnisliste aber ich tu's jetzt nochmal auf suchen klicken. So jetzt gibt's wieder Ergebnisse (schnaubt) und auch Preise.

L: Was denkst Du Dir?

M: Ähm, da steht die Lage von den Sachen, Cavalese weiß ich jetzt nicht wo das ist, deswegen schau ich mal weiter. Mmh, Kinderbetreuung seh ich jetzt grade, da auch, aber ich weiß nicht ob das am Strand ist, schaut nicht so aus geh?

L: Naja das is, kommt drauf an. Also ich mein, wenn Du jetzt interessiert bist, grundsätzlich daß ein Hotel Dir Kinderbetreuung bietet muss man sich schlau machen wo das liegt. Aber die Idee ist ja, daß Du das Gefühl hast, dass Dir all diese Information geboten wird.

M: Na dann schau ich mal, ob man diese Lage anklicken kann – nein. Aber ich klick mal das Hotel an. Ähm, Ort, da steht's jetzt.

L: Also liest Du Dir grad die Information durch, oder..?

M: Ja ich lese da durch und schau mal ob das da irgendwo, aber nein, es ist nicht, weil es ist am Berg. Gut, das heißt ich muss meine Suche irgendwie ändern.

L: Ok was machst Du jetzt?

M: Ähm, ich geh zurück, Urlaubsziel: Italien

L: bei Interessen?

M: Könnt ich vielleicht eingeben, oder glaubst nicht? Nein, das geht irgendwie nicht.

L: Ok. mmh

M: Also ich seh hier eigentlich nicht wie ich jetzt draufkommen sollte oder wo ich jetzt eingeben könnte, erweiterte Suche entdecke ich grade , vielleicht kann man's da eingeben, Preis, Unterkunftsart, nein da gibt's auch nicht.

L: Also da steht Hotel, Hotel 1 bis 2 Stern, 3 Stern.

M: Genau oder Ferienwohnung, Feriendorf, Bauernhof, (Wort das ich nicht verstehe – Schutzhütte?), Hotel geb ich jetzt einfach mal ein 4Stern. Verpflegung Halbpension. Ja aber jetzt kann ich immer noch nicht eingeben, dass ich am Meer sein möchte.

L: Ok das heißt ähm Du hast jetzt auf einfache Suche geklickt, das heißt Du bist wieder zu dem zurückgekommen...

M: Aso?

L: Naja, wenn Du eingibst

M: Naja, achso jetzt steht's dabei, ok suchen. In die Berge – schon wieder. (murmelt etwas)

L: Ok also hier sehen wir, daß es ähm..

M: Also vielleicht ist es ja auch eine Seite die nur - wo's nur um Berge geht.

L: Wieso glaubst Du das?

M: Naja weil die vorhin einen Tirolerhut aufgehabt haben, (sagt etwas unverständliches)

L: Ja das kann gut möglich sein, aber .. wie glaubst Du, dass man..

M: Also ich würde jetzt hier zum Beispiel aufhören

L: Würdest Du hier aufhören.

M: Ja, ich würde mir jetzt eine andere Seite suchen.

L: Ok, alles klar, das ist mal interessant, ähm jetzt hätt ich aber ganz gerne von Dir zu hören bekommen, ähm verschiedene Sachen, die man eigentlich nur dann beantworten kann wenn man die Buchung vollendet.

M: Macht.

L: Also beziehungsweise bis halt zum Kreditkarten...

M: Also dann machen wir jetzt etwas, ich denk mir jetzt ich will doch in die Berge... und...jetzt geh ich wieder zurück weil auf die anderen da gab's mehr Hotels, jetzt gibt's irgendwie nur mehr zwei wegen dem 4 Stern und Halbpension. Ich möchte jetzt die Suche wieder ändern auf... welche Kategorie, lassen wir 4 Stern aber wir nehmen All inklusive. Suchen. Keine Vorschläge (oder Vorschauen?) gefunden. Zurück. Ich will die erweiterte Suche wieder weggeben.

L: Du möchtest was machen?

M: Ich will .. vorhin gab's so ganz viele Angebote und erst bei der erweiterten Suche kamen dann immer nur weniger. Und jetzt hab ich ein Problem, Aha ich klick auf alle... alle.. aha jetzt hab ich's, jetzt hab ich die Kategorien wieder auf alles gesetzt und jetzt kommen wieder die mehreren und jetzt such ich eins wo Kinderbetreuung ist,

L: ok

M: Feriendorf, 3 Sterne, Halbpension, 1.428 – Soll ich den Karim anrufen?

L: lacht

M: Da gibt's noch ein 4 Stern, das ist sogar ein bisschen billiger. Keine Kinderbetreuung, schau ma mal eins mit, das ist auch billiger, Kinderbetreuung, Halbpension, ich klicks mal an, warte ich schau erstmal ob's noch eins gibt mit Kinderbetreuung, da auch, das wird teurer, golfen, könnte den Karim interessieren, aber is wieder teurer, dann nehmen wir jetzt einfach das, weil's billiger ist.

L: mmhh. und klickst auf den Hotellink

M:... aha um mir Fotos anzuschauen, ach das ist sogar gleich bei Österreich, das wäre also garnicht so weit.

L: ok Hoteldetails. Gut Du hast Dir die Hoteldetails angesehen.

M: Ja und der Preis passt würd mal sagen, Preisberechnung schau ma uns jetzt mal an.

L: Was siehst Du da?

M: Ihre Suchkriterien, 2 Erwachsene, 2 Kinder für den Zeitraum.. für 1 Monat? 26.7. bis 26.8. ? ist schon mal falsch, 7 Nächte da stimmt's aber, na gut es fällt in den Zeitraum scheinbar. Zimmer: Gaya.

L: Was, das hab ich jetzt.. was meinst Du ?

M: Hier steht der Zeitraum... wahrscheinlich haben sie von 26.7. bis 26.8. einen bestimmten Preis und wir fallen genau in den Zeitraum. Aber hier steht eh: 7 Nächte, was heisst ab...? Ja ich möchte eine Reiseroutenversicherung, die kostet nochmal 71 Euro, Reisestornoversicherung – Gesamtpreis, 1.500, ja diese Stornoversicherung nehm ich dazu,

L: ok

M: ..weiter zur Dateneingabe. Inklusive Pauschaldetails: 1 Zimmer, 7 Nächte mit Halbpension, für 2 Erwachsene, 2 Kinder, eine Reiseversicherung, Gesamtbetrag. Daten des Buchenden

L: Ok also, da sag ich Dir mal, geben wir jetzt nur mal Deinen Namen an und dann am Schluss eine fake Kreditkartennummer, genau.

M: Anrede: Frau, beziehungsweise würde ich jetzt in echt den Karim angeben, also Herr Karim (Nachname versteh ich nicht), Firmennamen brauchen wir nicht, ...28, Postleitzahl 1040, ... Land...Österreich...

L: Irgendwas eingeben

M: Telefon... Email... (tippt).. Anfragen/Wünsche an den Unterkunftsgeber... wir benötigen bitte ein Gitterbett... späte Ankunft um ca. wahrscheinlich ja, wir werden mit dem Auto fahren. Angaben zu den Versicherten... Versicherten was? Stornoversicherten?

L: Gute Frage.

M: Ich nehm mal an es ist die Stornoversicherung.

L: Es ist auf jeden Fall ein Pflichtfeld

M: Schau ma mal weiter runter... der Reiseversicherung, ja das ist schon diese Versicherung.

L: ok, was würdest Du da eingeben?

M: Naja, erst den Karim dann mich, und dann die 2 Kinder

L: ok aber es ist wie gesagt ein Pflichtfeld.

M: Ja eh. Du meinst ich soll's jetzt machen?

L: Ja.

M: Warum sind da jetzt so viel Felder? Mitversicherter 2, Mitversicherter 3..? Außerdem mitversichert? Ach Gott. Der Karim ist ja oben versichert, oder? also gehör ich jetzt als erster...

L: Na gib ein was Du glaubst. Du hast Dir ja vorher da dieses Informationsdingsbums da angesehen, hilft Dir das?

M: was hab ich mir angesehen?

L: Dieses Informationskästchen... dieses?

M: Nein das hilft nichts, Vorname des ersten Versicherten, na das ist dann doch der Karim. Na und dann , Nachname... wahrscheinlich des ersten Versicherten. Na gut, muss man auch erst draufkommen.

L: Ja. Ok

M: (tippt) Ich akzeptiere die Geschäftsbedingungen. Kreditkarten. Soll ich das jetzt auch noch einfüllen?

L: Ja, wir geben jetzt ein so wie Du es reell machen würdest.

M: Namen.

L: Würde er... mit welcher Kreditkarte würde er zahlen?

M: Mastercard... jetzt, Ablauf der Karte Mai 2009... gut dann überprüf ich's nochmal. Und jetzt will ich es wahrscheinlich.. Gutschein hab ich nicht.. Vorauszahlung an die Unterkunft vor Reiseantritt...eine eigene Vorauszahlung von 200 Euro, die sie vom Gast zusätzlich einheben und deren... (murmelt) .. was? Das gilt für die...

L: Was liest Du Dir da jetzt durch?

M: Das da Vorauszahlung an die Unterkunft vor Reiseantritt

L: Ok

M: Neben der oben angeführen Anzahlung hebt die Unterkunft... was für eine Anzahlung? Da, 57,15 abgebuchter Restbetrag, ist bei der Unterkunft zu begleichen. Zusätzlich einheben (murmelt) das ist eine Information an den Unterkunftgeber, warum les ich das hier? Und außerdem die heben 200 ein und ich weiß aber nur 57,15?

L: Ok also das ist ein Fragezeichen hier.

M: Richtig, was soll das sein?

L: Ok, was würdest Du in einer Situation wie dieser tun?

M: Naja, gleich abbrechen würde ich wahrscheinlich nicht, aber ich würde, also ich würde jetzt mal schauen, ob man da irgendwo anrufen kann..

L: Mmh Also bevor Du auf buchen..

M: Richtig, dann bin ich schon genervt, so auf die Art was soll das jetzt, jetzt geb ich das alles ein dann kapier ich das da unten nicht und das ärgert mich dann. Und dann muss ich jetzt eine Nummer suchen, die hier natürlich nirgends steht – doch hier Buchungshotline. Da würd ich jetzt mal anrufen und fragen, was das da unten heißen soll mit diesen 200 Euro und ... die Sie vom Gast, die schreiben Sie groß also sprechen sie mich ein, sie mich an, vom Gast, ich hab kein Gast, also das ist auch zusätzlich nicht richtig Deutsch.

L: alles klar

M:... und setzen sie sich bitte direkt mit dem Gast in Verbindung...also reden die jetzt mit dem Hotel aber trotzdem würd ich gern wissen warum das Hotel 200 Euro als Vorauszahlung nimmt und da oben steht aber das anders. Also wenn ich jetzt angerufen hab und die erklären mit das, dann.. und ich bin noch immer dieser was ich eh bin, weil ich seh die Nummer auf dieser Seite da oben

L: welche Nummer?

M: Diese da, die Buchungshotline. Da ruf ich jetzt an, lass mir das erklären, und wenn das passt, dann klick ich auf weiter zu Buchung.

L: Ok.

M: Soll ich das jetzt?

L: Was ist Dein Eindruck jetzt?

M: Ihre Zimmerbuchung. Inkludierte Leistung, jetzt steht nochmal alles aufgelistet da. Mit Halbpension, Reiseversicherung, Gesamtbetrag (gähnt) und jetzt kommt.. (murmelt)... bedenken Sie, daß alle Felder mit Sternchen ausgefüllt werden müssen, das haben wir gemacht...ich akzeptiere..und jetzt erzählst Du mir, daß ich keine gültige Kreditkarte mehr hab.

L: Genau. Soviel zum Buchungsprozess, ähm jetzt hätt ich da noch ein paar Fragen. Wie hast Du jetzt den Zeitablauf gefunden, wenn Du von Link zu link gegangen bist?

M: Ist gegangen.

L: Ok. Und ähm, wie hat Dir das Informationsangebot der Seite während des Prozesses gefallen?

M: Ja eh gut, bis auf dass nicht klar ersichtlich war, ob ich auch etwas am Meer finden kann und das mit diesem unverständlichen Vorauszahlung an die Unterkunft, das ist auch ein bissl unbegreiflich.

L: Ok das heisst im allgemeinen wie würdest Du jetzt den Service von Tiscover beschreiben, also wirklich von Schritt 1 sprich die Suche bis zum letzten Schritt den wir getätigt haben?

M: Ja gut, bis auf dass man nicht eingeben kann, ich möchte am Meer sein.

L: Ok. Und ähm würdest Du ähm in Erwägung ziehen ähm Dich zu registrieren um den Newsletter zu erhalten?

M: Nein.

L: Warum?

M: Ich will keine Werbung haben.

L: Ok, das heißt weder für Informationen noch für spezielle Angebote, das interessiert Dich nicht.

M: Genau.

L: Ok. Gut um nochmal zu resümieren, ähm die Sachen die Dir gefallen haben an der Seite und die Sachen die Dir nicht gefallen haben.

M: Also nicht gefallen hat mir, dass man das nicht eingeben kann, beziehungsweise wahrscheinlich ist es ein Dings für nur für Berge.

L: Ok.

M: Aber das weiß man vorher nicht oder ich hab's nicht gewusst, weil Du das einfach geöffnet hast und hätte ich das in Google eingegeben wär's vielleicht gar nicht erschienen.

L: Ok. Gut, Dankeschön, damit ist die Session beendet.

Interview 2 mit Thomas Strohmaier
22. Juli

L: ... und zwar werde ich jetzt die Fragen durchgehen, die ich auch mit den regulären Usern durchgegangen bin, nur hätte ich gerne von Dir, ähm dass Du mir natürlich Dein Experten Know-How zu den Fragen die ich Dir stelle geben kannst. Und zwar, ich werd mit Dir jetzt die Einleitung durchgehen.

Hallo Thomas. Ich werde dich heute durch das Interview führen. Du weißt wahrscheinlich warum wir heute hier sind, aber ich werde dir nochmal kurz den Grund unseres Treffens beschreiben.

Ich möchte eine Website testen, die Teil meiner Diplomarbeit ist und würde gerne das Verhalten von Usern, die regelmäßig das Internet verwenden, analysieren. Und dazu kommt, dass Du mein Experte bist, das heißt natürlich mit Einblick auch auf das Themengebiet Usability genauer ins Visier zu nehmen. Nur damit du weißt, ich analysiere hier nur die Website und nicht dich, du kannst daher gar nichts falsch machen. Ich möchte genau hören, was du denkst wenn du die Website benützt, also leg dir keinen Blatt vor den Mund und sprich aus was dir am Herzen liegt. Denke laut! Die Idee ist soviel wie möglich an Information von dir zu erhalten.

Falls du Fragen haben solltest lass es mich wissen. Ich kann dir vielleicht nicht auf alles Antwort geben, nachdem ich ja wissen möchte, wie du die Situation alleine bewältigst.

Also lass uns anfangen!

L: Bevor wir die Website anschauen, sag mir noch kurz was ist Dein momentaner Beruf?
T: Ich bin selbstständig. Als Programmierer, Projektleiter im IT Bereich.
L: Ok, also das heisst Du bist sehr IT lastig, no nah. Wie lange machst Du das schon?
T: Die Selbstständigkeit oder prinzipiell die IT?
L: Ähm beides
T: Die IT mach ich jetzt seit 8 Jahren
L: ok
T: und Selbstständigkeit seit halbes Jahr
L: und was hat Dich dazu bewegt, das zu machen was Du jetzt machst?
T: Das wird sich in einer halben Stunde nicht ausgehen glaub ich.
L: Ok (lacht)
T: Zufall
L: Zufall, ok. Aber gefällt Dir? Bist Du zufrieden damit?
T: Ja, ma verdient a Geld damit
L: Ok, aber so auch..
T: Es gäb anderes auch noch…
L: Ok aber, momentan is ok so wie's jetzt ist
T: Jaja
L: Ähm, wieviel Stunden pro Tag verwendest Du das Internet?
T: Tja ich schlaf 6 Stunden, das heisst 18 Stunden am Tag.
L: Ok das heisst also Du bist non-stop vorm Internet und ..
T: Entweder Computer oder per Handy
L: Ok also Du äh äh rufst das Internet auch über Handy ab?
T: Ja per Mail erreichbar und Sachen nachschauen und so.
L: Ok und was schaust Du das für Sachen nach?
T: Ja von Kunden wenn irgendwas nicht geht oder so.
L: Ok, und auch zu privaten Zwecken das Internet verwenden?
T: Da gibt's keine Trennung mehr
L: Ok also das heißt Du bist nonstop davon umgeben
T: Ja Beruf ist Privat, Privat ist Beruf
L: Ok alles klar. Was hältst Du vom Online shopping?
T: Ja soviel wie möglich
L: Ja?
T: Ja am besten alles sollte man per online shopping einkaufen
L: Ok also Du bist da sehr positiv
T: Ja am liebsten wär mir auch Lebensmittel aber das ist zu kompliziert
L: Ok naja mal schauen, was nicht ist kann noch werden
T: Naja, das mit der Lieferung und so das ist..
L: Und hast Du jetzt selber, also so wie sich das anhört auch schon online geshoppt, oder?
T: Ja prinzipiell.. alles was halt sonst zu zeitraubend wär.
L: Ok, was hast Du da zum Beispiel gekauft?
T: Ja.. technische Geräte, CDs, DVDs, Gewand, alles.. Schmuck

L: Ok. Hast Du schon mal negative Erfahrungen damit gemacht?

T: Ähm naja, der Nachteil ist, dass es oft nicht das ist, manchmal nicht das ist was angegeben ist, aber dann schickt man's ganz einfach zurück.

L: Ok, also das heißt es wurde Dir ein falsches Produkt geschickt.

T: Naja, es ist halt immer, Worte sind (Wort verstehe ich nicht) und man kann Dinge beschreiben und das stimmt zwar aber interpretiert es vielleicht anders.

L: Ok na gut, für's erste sind wir mal mit diesen Fragen fertig.

T: Super.

L: Wir werden jetzt ins Eingemachte gehen. Und zwar werde ich Dir die Seite öffnen (räuspert sich), ok tiscover.com. Kennst Du diese Seite?

T: Ja, war aber schon länger nicht drauf.

L: Ok, das heißt, wenn ich Dir jetzt die Frage stelle was der Sinn und Zweck dieser Seite ist…

T: … weiß ich das.

L: Ok, kannst Du mir das mal sagen?

T: Ähm, eine Ansammlung und eine Auswahl an Unterkünften, Hotelzimmern und Beschreibung von Tourismusgegenden.

L: Ok. Und ähm wenn ich Dich bitte mir jetzt Deinen Eindruck zu schildern. Was fällt Dir besonders auf an der Seite?

T: Ähm, jetzt auf den ersten Blick?

L: Ja genau.

T: Ähm ja es ist prinzipiell der Eindruck der Seite, das kann ich jetzt auf der ersten Seite auch schon sagen, es ist sehr chaotisch.

L: Wieso sagst Du das?

T: Na bei der Einstiegsseite hab ich alleine schon 4 oder 5 Auswahlmöglichkeiten, das heißt ich muss eigentlich schon von vornherein wissen, wie geh ich vor, das heißt wenn ich jetzt ein DAU bin..

L: ein was?

T: der Dümmste Anzunehmende User, dann würd ich mal wie der erste Mensch vorm Feuer stehen und mir denken, ok was will ich da? Dann schau ich in die Mitte, ok Länderauswahl, da weiß ich vielleicht noch gar nicht wohin ich will. Ich weiß ich will vielleicht nach Italien oder nach Österreich in die Steiermark aber wo dorthin das weiß ich ja vorher noch nicht. Das heißt ich kann dann auch garnichts sagen, das heißt dass ich mich, ich muss dann wahrscheinlich mal irgendwo hinklicken, damit ich mal irgendwo bin, wo ich nachlesen kann.

L: Mmh, und ähm weil du sagst chaotisch, ist …?

T: Ja da ist was, dort ist was, da sind lauter kleine Sachen, also ich hab… da kann ich was anklicken, ..

L: Was kannst Du da anklicken zum Beispiel?

T: Ich kann da die internationalen Länder anklicken, ähm, das ist das eine. Ich kann Orte mir auswählen aus verschiedenen Ländern, was eigentlich dasselbe ist wie auf der linken Seite. Ich hab Wanderurlaub in Österreich, dürfte eine Werbung sein, gehört aber auch zu tiscover, ich hab eine Buchungshotline, die ganz interessant ist aber mir daweil beim ersten Mal noch nichts bringt, weil ich ja noch nicht weiss wo ich buchen will.

L: Mmh, ja

T: Ich hab da die Auswahl Hotels Unterkünfte, also in Wirklichkeit mich leitet niemand am Anfang, was willst Du , sozusagen diesen 3-Klick-Weg, so klick mich und ich erklär dir mal worum's genau geht da.

L: Mmh und jetzt so vom Design, von den Farben vom Layout, kannst Du mir dazu auch etwas sagen?

T: Es schaut besser aus als früher. Also ganz früher war's… war's glaub ich so ganz dunkelblau und grau, irgendwie so eine Kombination, das war sehr bedrückend.

L: Ja…

T: Blau-grün ist ok. Obwohl diese Liesl wahrscheinlich nur für Österreich gilt. für Großbritannien wird's wahrscheinlich nix bringen. Oder keine Ahnung ob das dann auch so ist, weiß nicht.

L: Ok

T: Aber da kann man noch runterscrollen.

L: Mmh.. (mirkrophon kracht) Ok na gut und ähm jetzt so auf ersten Blick, ähm was würdest

Du als erstes anklicken? Was würde Dich am meisten reizen?

T: Ich jetzt, wenn ich mal davon ausgeh, das ich irgendwas such, ich würd wahrscheinlich als erstes Pauschalen anklicken

L: Aha, ok. Mach's noch nicht

T: Ich würd Pauschalen anklicken und mir erhoffen, dass da Angebote drinnen sind.

L: Ok ähm gut, jetzt haben wir uns einmal die Homepage angesehen, jetzt hätt ich ganz gerne, daß Du Dir ein Reiseziel aussuchst.

T: Ja

L: Je nach Belieben, kannst Du Dir aussuchen wohin, was Dein Herz begehrt und eine Buchung tätigst, die natürlich jetzt nur bis also bis zum Zahlungsprozess gehen wird.

T: Ok

L: Ok. Und dabei nicht vergessen laut zu denken.

T: Ok. Also ich überleg mir grad, bei uns is ja ziemlich schirch und in Kroatien wird's schöner sein. Fahren wir nach Kroatien

L: Ja

T: das heißt ich werd wahrscheinlich...

L: und Du, Du verwendest jetzt den mittleren Weg sozusagen.

T: Ja, ich seh links bei international seh ich das Land nicht, das dortstehen Kroatien. Ich seh bei Toporten auch nicht die Möglichkeit, ah da oben gibt's eine Länderauswahl, aber da steht auch genau das gleiche wie da unten, ich könnt da oben Kroatien eingeben aber ich weiss nicht ob er da hingeht, äh, da sucht er irgendwas, das mach ma nicht, ich fang einmal da bei Hotels Unterkünften an

L: Ja

T: Ich wähl einmal aus, da gibt's natürlich nichts.

L: Was gibt's da?

T: Da gibt's Österreich, Großbritannien, Deutschland, Italien, Schweiz, Südafrika, ist auch gleich um's Ecke, Liechtenstein, Schottland, Montenegro, aber Kroatien hab ich nix. Da ist garnichts... muss ich beim Suchbegriff eingeben. Schau ma mal.. Kro-a-ti-en... das ist eine blöde Tastatur..

L: Na hey!

T:.. bitte wählen Sie ein Land.

L: Das ist jetzt die Message die aufgekommen ist, als Du Kroatien eingegeben hast.

T: Genau. Also ich kann in Kroatien nix suchen. Gut.

Ok jetzt weiss ich aber warum das international steht, das sind die Länder wo was drinnen ist.

L: Ok

T: Also anscheinend gibt's von anderen Ländern nix.

L: (kracht) ich schau nur ob's eh aufgeht.

T: jaja, also anscheinend kann ich nicht nach Kroatien fahren, gut.

Ähm ok, mein normaler Weg wär jetzt, auf google.at zu gehen und (lacht verlegen) Kroatien zu suche... ok mach ma ein anderes Ziel, Kroatien geht ja nicht. Ähm wir nehmen Italien.

L: Ja

T: Und da klick ma gleich links auf international

L: Ja

T: Oder nein, ich schau vielleicht doch unter Italien, weil vielleicht sind da schon die, irgendwas vorsortiert.

L: Ok

T: Und da hab ich ..., Bozen,..., Lignano, Meran, Trient, Venezia.. (hab nicht alle Orte verstanden), gut. Ich hab keine Ahnung, ich kenn mich net aus in Italien

L: Ja

T: Ich klick auf Hotels/Unterkünfte, Italien, Bundesland, alle, Anreise, ich würd gern zu meinem Geburtstag reisen.

L: Ja

T: das ist der 18. August. Aber das ist ein Montag, wie ich weiß, steht zwar da nicht, was schlecht ist, da sollt eigentlich ein Kalender, wie das heut üblich ist, dabeistehen, dass das ein Montag ist, ok, Anreise 15. Ist ein Feiertag, das steht hier nirgends dabei, 7 Nächte ich bin alleine, 1 Person, Zimmerart, ich hätt gerne eine Suite, das ist mir wurscht wo, also welche

Unterkunftstyp ist mir egal, und jetzt geh ich auf Suchen.

L: Ja

T: 12 Sekunden

L: mmh Also downloadspeed 12 Sekunden

T: 12 Sekunden bis er mir 6 buchbare Unterkünfte gezeigt hat, das ist relativ lang.

L: Wo siehst Du, dass es 6 sind?

T: Da, Eintrag 1-5 von 6.

L: Aha, ok.

T: Is aber in grau geschrieben, das heißt sieht man nicht gleich. Is vielleicht nicht so gut. Da ist jetzt alles in grün gehalten, oder so eine ähnliche Farbe.

L: mmh, gatschgrün.

T: schlägt sich ein bißchen mit dem blau-grau-grün von den Icons

L: mmhh

T: Ok, jetzt seh ich da diese 6 Dinger, ich weiß aber nicht genau wo das ist alles. Es gibt „Unterkünfte auf Karte anzeigen", bin mir aber nicht sicher... aha gut, da geht ein neues Fenster auf. Das find ich gut, dass das nicht überschrieben wird, und auch kein Pop-up aufgeht. Gut, jetzt sehe ich, dass das alles irgendwo mitten im Land liegt. Ok, was is wenn man ans Meer will? Dann gibt's da nix. Ok wurscht, wandern is ja auch gut.

L: Aber rein hypothetisch Du möchtest aufs Meer fahren?

T: Da hab ich jetzt die falschen Zonen, zeigt er mir nix an. Müsst ich jetzt wieder zur Suche. Nein ich will aufs Meer. Ich geh wirklich zur Suche zurück, und da hab ich jetzt eine andere Suche als vorher. Und da steht nämlich auch der Tag dabei.

L: Sehr interessant.

T: Ja. Wasserspass. Vielleicht muss ich daher klicken.

L: Vielleicht.

T: Na ich klick mal auf Pauschalen. Also in Wirklichkeit vergehen jetzt schon ein paar Minuten und ich weiß noch immer nicht genau was ich.. na ok, Urlaubsziele, Italien, Interessen – ha da kann ich Interessen... wieso hab ich das vorher nicht gehabt? Äh, Wellness, Familie, nein, Familie will ich keine kriegen. Urlaub, Kanu, was? Da gibt's nix mit Baden oder so. Sonstiges? Na... Wassersport? Das kann ja auf einem See auch sein. Na klick ma mal Wassersport an. So. Ich muss schon wieder 1 Erwachsener eingeben, weil das hat er sich nicht gemerkt.

L: Ja

T: Gut das Datum muss ich wieder neu eingeben. Da hab ich jetzt den Sucher... da sieht man die Toptips, ja ... aha ok.

L: Ok also da hat sich jetzt ein Kalender geöffnet

T: Ok der Kalender öffnet sich und ich hab jetzt die Jahre vorgeklickt statt die Monate, das war ein Irrtum, wer will schon... na gut, ... nächstes Jahr buchen.

L: You never know.

T: Ok also am 15. August, aha, zurückreisen will ich aber wann wir zurückreisen... na eine Woche später. Und jetzt geh ich wieder auf Suche.

L: Ja.

T: Haben keine Pauschalen gefunden, gut. Ok. Wir klicken auf Wasserspaß. Das ist oben im Menü. Wasserspaß in Italien. Strände, aha. Da geht eine Karte auf und da seh ich jetzt wo ich überall hingehen kann. Ja, da zeigt er mir auch gleich die Temperaturen an. Was is das? Lido di... ja da fahr ma hin. Da gibt's auch irgendwas auf der Karte, da zeigt er mir jetzt die aktuelle Temperatur an, daß das in der Toskana ist, das eine Tageskarte 19,30 Euro kostet... von was? Keine Ahnung.. ist das ein Strand, oder?

L: Gute Frage...

T: So.. aha...ok.. ähm, mich interessiert aber eigentlich, dass ich dort ein Quartier find. (einige unverständliche Wortfetzen, Hintergrundgeräusch) Lido... da Toskana, ich klick da unten bei der Auflistung drauf, da komm ich jetzt dorthin wo ich eigentlich hinwollte. Allgemein, Wasser und Wetter, freie Zimmer. Schön langsam vergeht's mir. Ich weiß nicht wie oft ich bis jetzt geklickt hab und wir sind noch kein ... (unverständlich). Ok.. Unterkunft finden, Anreise, ich muss schon wieder auswählen und zwar schaut des schon wieder anders aus. Das ist jetzt schon das dritte Layout was ma sehen, ..

L: Ja.. vom Kalender jetzt

T: Ja vom Kalender und überhaupt... vom Suchfenster.. das ist auch blau, wahrscheinlich weil's Wasser ist... Ok, wir wollen am 15. anreisen, wir wollen am 22. rückreisen, ich will bitte einen Erwachsenen nur, ich nehm alle Zimmer was gibt, geh auf suchen.. keine übereinstimmenden Angebote... ok. Ich kann aber leider Gottes die Anreise und Abreise nicht auslassen, vielleicht würd ich dann was finden. Jetzt gibt's die Möglichkeit, ich kann meine Suchkriterien neu machen oder ich kann das Callcenter kontaktieren. Aber ich weiß ja noch garnicht, was ich dort irgendwie auswählen könnte, das heisst ich kann dem Callcenter ja nix erzählen. Außer die lesen einem alles vor. Ok...
L: Was kannst Du mir jetzt zu der bisherigen Situation die jetzt vorgefallen ist...
Handy läutet
T: Zu der bisherigen Situation? Also ich kann mal sagen, ich hab Kroatien... Kroatien gibt's garnix, dann hab ich mir gedacht Italien, Italien hat er zwar Sachen gfunden aber halt mitten im Land und wenn ich an's Meer will, äh krieg ich irgendwie keine Zimmer weil wenn ich was such, dann schreibt er mir ist nix gfunden worden, anscheinend gibt's dort keine. Entweder es gibt keine freien Zimmer oder es gibt garkeine Angebote. Aber ich kann mir auch keine anderen Anreise- und Abreisedaten aussuchen, weil er mir nix anzeigt. Er könnt ja die Zimmer anzeigen, die's prinzipiell gibt, müssen ja nicht frei sein, und da kann er ja hinschreiben, ok zu dem Termin wär was frei. Aber das lasst er mich nicht, deshalb müss ma uns jetzt was anderes überlegen. Ich gehe wieder auf Hotels und Unterkünfte, und werde versuchen in Italien jetzt irgendwas zu suchen, ah da gibt's erweiterte Suche, probier ma mal die erweiterte Suche, bevor ma jetzt uns das nochmal.. ah... Da steht viel da...
L: Ja, wie zum Beispiel?
T: Ah.. Anreise- Abreisemöglichkeit, Zimmer, Belegung, Unterkunftstyp, Hotelkooperation... Verpflegung, Gesamtpreis, und was für Ausstattungswünsche, Ok, um nicht noch einen Reinfall zu erleben, wer ma das Ganze jetzt ganz offen halten, Anreise heute, Abreise nächste Woche, eins für einen Erwachsenen, null Kinder, ich muss das jetzt schon zum vierten Mal eingeben, so, Unterkunftstyp alle, Hotelkooperation wurscht, wurscht, Verpflegung auch alles, Gesamtpreis egal, und ja.. Ausstattungswünsche, muss garnix haben, hauptsache ich find irgendwas jetzt.
L: Ok.
T: Ich bin jetzt auf suchen gegangen, er sucht, er findet, 185 Sachen, vielleicht ist es an dem Termin gelegen, 15. August weil das irgendein Feiertag ist, dass da alles ausgebucht ist. Wir wollen ja tiscover nicht unrecht tun. So jetzt hab ich da die Auflistung, ähm ich kann's sortieren, nach Preis, Kategorie, oder Ort. Ich werd's nach Gästebewertung sortieren,
L: Mmh, wieso machst Du das?
T: Weil wenn die Leut', das hört ma immer im Fernsehen, die Leut sind schon hingfahren, und der sagt, das steht eh im Internet, daß das der ur Schmarrn ist, und.. ok.. So, ich nehm jetzt, ok. Da gibt's dann ein kleines Eckerl auf der Seite, das muss man klicken, damit sich da auch was tut, das ist schlecht.
L: Was würdest Du da empfehlen?
T: In dem Moment, wo ich das auswähle aus dieser Kombobox, sollt's sofort suchen. Vorallem ich weiß nicht, daß ich da draufklicken muss. Sonst wart ich wieder umsonst. Aber ich seh jetzt schon, da gibt's so ein Eckerl zum Merken, das ist gut wenn ich.. ich hab da oben auch eine Merkliste, da kann ich mir anscheinend mehrere Unterkünfte vormerken und danach alle wieder durchgehen.
L: Ok und wie machst du das?
T: Das weiss ich noch nicht. Das wer ma jetzt ausprobieren. So, da sind jetzt die besten ganz oben, mit einer Bewertung, 4,90 Euro ein Bauernhof. Na Bauernhof mag ich aber nicht. Äh 1 Stern Hotel woll ma auch nicht. Ich klick jetzt amal auf 3 Stern Hotel in Osana, Hotel... Albergo garni Il Maniero, .. achso wart das funktioniert.. ah jetzt da geht ein Pop-up Fenster auf. Das find ich verwunderlich...
L: Warum?
T: Sollte das nicht.. was ist wenn ich den Pop-up Blocker aktiviert hab? Dann geht das ja garnicht.. ok, na ich bin davon ausgegangen, dass da irgendein Fenster aufgeht und ich dann wieder weiterklicken kann. Aber is ok.. so, äh, da ist jetzt was aufgangen, und da hab ich jetzt Winterinformationen, anscheinend ein Winterhotel.

L: Winterinformationen?

T: Da steht Winterinformationen, ok aber schau ma mal, ich will sehen, wo das Ding ist, klick mal auf Lage, Karte, .. also ich weiß nicht ob's an der Internetverbindung liegt... so... das dürft aber.. also da geht eine Karte auf, eine google map Karte. So, ich mach das jetzt größer, weil ich nicht genau seh, wo das jetzt ist. Aha, das ist mitten in die Berg. Heißt ja auch alBERGo, ok, na da will ich net hin, mach das Fenster wieder zu. Äh ich klick wieder auf Unterkünfte auf Karte anzeigen, und sehe.. ah da zeigt er mir die 5 an, die ich ausgewählt hab die jetzt als erstes sind. Ich geh einfach weiter. Ich hab da oben die Seitenanzahlen und da geh ich noch weiter, vielleicht aktualisiert er mir dann die Karte.. aha, macht er mir nicht, nein... aha macht er mir doch. Die 5 sind da alle mitten in der Botanik, es ist zwar jetzt unprofessionell aber ich muss mich anscheinend jetzt durchklicken, weil ich nicht die Möglichkeit hab, das zu sortieren nach Meer oder so, daß die am Meer liegen. Bademöglichkeit.. aber da in Padova.. gut das ist auch weit drinnen. Gut, Venedig, wer will in Venedig baden, ka Mensch...

L: So, also wie klick ma uns da durch?

T: Ja es ist sehr.. wir sind jetzt bei Eintrag 26 bis 30 von 185. So, wenn jetzt bei der nächsten.. also einmal klick ich noch, wenn dann nix dabei ist, dann fahr ma in die Berg. So... die Drohung hat nicht gewirkt, da sind überhaupt nur 2 eingezeichnet die anderen haben garkeine Karte anscheinend. Das heißt wir fahren wahrscheinlich in die Berg, weil da steht Everest.

L: Ja, hört sich bergisch an.

T: ok aber ist das ein Swimmingpool da?

L: Na, wenigstens ein bißchen Wasser.

T: Ja, klick mal drauf. Detaillierte Information, da geht wieder ein Pop-up Fenster auf, bin wieder verwundert.. Fehler, Verbindung unterbrochen. Ja, vielleicht, ah jetzt gehts. Ok die Position ist ziemlich weit oben, also eher Richtung Tirol, gut, brauch ma net so weit fahren. Da wär ein schönes Foto, da hab ich auch ein Wappen. Ich seh Fahrräder, das Hotel zählt 110 Betten, Ok, gut dann klick ma mal auf Zimmerpreis... und sehe, dass ein Ein-bett Zimmer, weil ich will ja alleine reisen, kostet bei meinen gewünschten... na eigentlich wollte ich ja im August fahren, 60 Euro, das ist eigentlich ok. Ich klick mal auf Ermäßigungen, Bedingungen, da steht an jedem Tag ein x bei Anreise Abreise, ich geh davon aus, dass das dann möglich ist wenn ein x dortsteht.

L: Achso?

T: Oder, daß es nicht möglich ist..

L: Dass es möglich ist oder nicht möglich ist?

T: Dass es möglich ist. Ich geh davon aus, weil sonst wär's nie möglich. Außer die sind irgendwie total ausgebucht, ok. Ich schau mir mal kurz die Ausstattung an.

L: Ja bitte.

T: So, aha, Freizeit, Tischtennistisch, Whirlpool haben's, Sauna, Fitnessraum, Fahrradverleih, gut.. sie haben eine Wiese das ist sehr gut. Parkplätze und Spielplatz, Babywickelraum.. es kommt mir fast so vor als ob das sehr für Kinder ist. Geeignet für Familien, Rollstuhlfahrer, Gruppe, Senioren, Paare, Geschäftsreisende, Jugendliche, Singles, also für alle... gut das heißt eigentlich nur für Familien, weil alle anderen fühlen sich mit schreienden Kindern nicht wohl... ok aber das ist uns egal, weil ich nehm mir Oropax mit... ok weiter zur Buchung weil ich denk mir, Everest schaut gut aus, nehmen wir. Jetzt geht dieses Popup Fenster zu und das hintere Fenster mit der Auflistung geht jetzt weiter zur Buchung. Auch sehr interessant..

L: Aha.. was würdest Du da zum Beispiel empfehlen?

T: Naja, ich hab jetzt eigentlich damit gerechnet, daß es in dem Pop-up Fenster weitergeht

L: Ok, hat das da jetzt irgendwie irgendwelche Auswirkungen auf Dich?

T: Na solang das Fenster zugeht, das eine (Pop-up Fenster) is ok. Also dadurch, dass da 2 Fenster... ich weiß nicht welche Auswirkung das auf normale User hat. Es ist ungewöhnlich auf jeden Fall meiner Meinung nach.

L: ok

T: Ok, camera singola, mit Frühstück, singola heißt Einzelzimmer, das ist meins. Tiscover empfiehlt dazu den Abschluss einer Reiseversicherung.

L: Was hältst Du davon jetzt eigentlich... also ich find das ganz gut, dass Du einen breiten Wortschatz hast, mit verschiedenen Sprachen, aber ist das für jeden klar, dass singola single ist?

T: Nein. Es steht zwar in der Beschreibung drinnen von der Unterkunft, dass das ein Einzelzimmer ist aber bei der Buchung selber stehts nicht mehr dabei. Also das könnt ma vielleicht auch noch dazu schreiben, schliesslich ist alles andere auf Deutsch. Also wenn ich schon mehrsprachig anbiete, dann muss das durchgehend sein. Ich kann aber auf dieses camera singola draufklicken, mal schauen was passiert, da geht wieder ein Pop-up Fenster auf und da steht dann, camera singola, Zimmer, Einbettzimmer. Und da steht dann ziemlich viel. Also ich glaub, daß da zuviel Information drinnen ist dann... Ausstattung: kaltwasser fließend ist eigentlich nicht erwähnenswert, fließendes Warmwasser ist für mich eigentlich normal, WC und Dusche wäre interessant, ist das im Zimmer? Anscheinend. Also ich geh mal davon aus, dass alles was da steht im Zimmer? Gartenmöbel, Steckdosen, ist das erwähnenswert? Ich weiss nicht.. Handtücher, ja ok. Fließendes Wasser, das haben wir ja da oben, doppelt. Also viel zu viel Information die glaub ich eh keinen interessiert. Da stehen Sachen auf italienisch. Noleggio bicicletta, das heißtFahrradl oder? Noleggio wird wahrscheinlich.. also dass man sich das ausborgen kann oder so, keine Ahnung. Piccolo wellness? Kleiner Wellnessbereich? ... ok Winterinformation,.. ich klick mal drauf, da ist ein kleiner Schneemann, aha da ändern sich die Sachen, jetzt versteh ich auch wozu das ist... das ist ja kein Tooltip (?) wenn ich mit der Maus drübergeh der einem sagt, was da ist.
L: Also was sagt das jetzt aus das Schneemannsymbol
T: Es schaut süß aus, aber bringen tut's glaub ich nix. Vielleicht ist das auch das falsche Hotel dafür. Aber das sollte man halt dort wo's unsinnig ist einfach nicht einblenden. Also wenn das eine Schihütte ist und im Winter kannst Du dort schifahren und der schreibt mir dass Du Dir Schi ausborgen kannst, und im Sommer kannst Dich dort in die Sonne legen und dass die Schi dann nicht dortsteh ist eh klar. Genauso wie fließend kalt und warm Wasser und da steht dann nochmal fließendes Wasser. Vorallem hat es ein Bidet drinnen was das fließende Wasser eh logisch macht. Gut, nachdem ich nicht weiß wie ich da weitermachen soll, mach ich das Fenster jetzt einfach zu. Ok, Fenster schließen.. Gut... Also der Gesamtpreis mit 387 Euro inklusive dieser Reisestornoversicherung. Da steht Was bringt mir das? Ich klick mal drauf, da geht wieder ein Popup auf, da geht jetzt eine Grafik auf in dem Popup und da steht eine Beschreibung der Grafik. Aha, ok, mit den Umlauten ham sie's die werden als Sonderzeichen dargestellt – ganz schlecht (murmelt unverständlich) da stehen so Sachen drauf die ganz lieb sind..
L: Erkrankung oder Unfall...
T: Ja, das schaut aus wie so ein Whiteboard... so Berg und Seenot inklusive Hubschrauberbergung. Also es steht nix wirklich interessantes drauf. Was bringt mir das? Gut, 18 Euro tut irgendwie nicht weh, das ganze kostet jetzt 387 Euro, alle Preisangaben sind Bruttopreise, Verpflegung und Kinderermäßigung laut Angabe. Verpflegung? Achso, da steht Frühstück, das kann ich mir nicht auswählen. Ich geh jetzt mal zur Dateneingabe. Gut ich hab mir... also eigentlich hab nicht ich mir das ausgesucht sondern Tiscover hat mir das ausgesucht, weil ich wollt eigentlich ans Meer. Im Prinzip Themenverfehlung. Also, da haben sie auf jeden Fall versagt. So, ihre Zimmerbuchung. Sie buchen ihr Produkt für einen Erwachsenen, von bis.. ausgewählte Zimmer eine camera, eine Reiseversicherung, Anzahlung 30 Euro. Gesamtpreis 390 Euro. Und jetzt hab ich einen Haufen Felder die ich ausfüllen muss, da steht mein Tiscover Login – ich hab keins. Muss ich mich registrieren? Nein..
L: Wie was meinst Du mit müssen?
T: Ja muss ich mich registrieren oder kann ich das einfach ausfüllen?
L: Ja, gute Frage, was sagt es da?
T: Als bestehender... Ihre Vorteile gratis Registrierung, speichern ihrer Buchungen...Merkliste speichern, ah. Die hab ich nicht ausprobiert vorher die Merkliste. Ah, wir sind schon auf einer https Verbindung, das ist gut. Das ist eine sichere Verbindung, ich kann also meine Kreditkartennummer eingeben. Das mach ich jetzt, ich will nämlich wissen, wenn ich jetzt was auslass, was er mir bringt...hoppala, vertippt. Da wär interessant wenn er mir mit der Postleitzahl gleich die Ortschaft dazuschreiben würde. ... Telefon mag ich aber nicht angeben, Email... so... Anfragen, späte Ankunft... ok ich akzeptiere die Hotelvertragsbedingungen.. so und jetzt hab ich ein Problem... ich hab ja keine Kreditkarte
L: Mmh, was mach ma da?

T: Ich kann da anscheinend nur mit Kreditkarte buchen. Das hätten's mir aber vorher auch sagen können.

L: Naja, das ist natürlich ein bisschen blöd die Situation.

T: Wir klicken mal auf weiter zur Bestätigung. Aha, Vorrauszahlung an die Unterkunft vor Reiseantritt, die wollen auch was haben vorher. Liest Text vor: Neben der angeführen Anzahlung erhebt die Unterkunft eine eigene Vorrauszahlung in der Höhe von 101 Euro, die sie vom Gast zusätzlich einheben, setzen sie sich bitte direkt mit dem Gast in Verbindung... ich? Ich bin der Gast.

L: Was bedeutet das jetzt?

T: Na wenn das Hotel eine zusätzliche Anzahlung haben will, dann sollten die sich mit mir in Verbindung setzen und mir das sagen.

L: Und was ist da mit der Anzahlung die oben genannt wird? Von 30 Euro?

T: Das dürft anscheinend für Tiscover sein. Aber steht nicht dort für wen das ist. Es steht nur dort, daß das von meiner Kreditkarte abgebucht wird, aber ich hab keine Kreditkarte.

L: Und glaubst Du, dass unter normalen Umständen...

T: Das ist soviel zum Lesen, das ist total... wäh.. Über unser Callcenter können Sie die Anzahlung auch per Überweisung durchführen, ah, ok, also muss ich vorher anrufen. Ok und jetzt is es soweit, dass ich drauf scheiss. Und jetzt mach ich was ganz anderes, öffne einen neuen tab, geh auf www.google.at , gib ein Hotel Everest, und da gibt's Hotel Everest, Lago di Garda, und da gemma direkt auf die Hotelseite, und schauen mal ob wir dort buchen können und somit uns den ganzen Schmafu ersparen. Weil wenn ich denen eh was zahlen muss vorher.. ok die haben da aber nichts auf deutsch stehen, aber das ist englisch, passt. Ah... last minute, da booking! Da geb ich alles ein, ok Geschäftsbedingungen, das akzeptiert man, und dann schick ich denen die Anfrage und muss nicht mal meine Kreditkartendaten hergeben. Und buch direkt auf die Seiten. Ok, Tiscover hat versagt, Suche. Fehlermeldung, So, da hamma die Liste von diesen super Hotels, merken, das probier ma jetzt noch aus, das mit der Merkliste, so jetzt geh ich auf die Seite 12, was immer dort ist. Ich hab vor 3 4 Jahren auch schon nix gefunden da, also hab was gesucht und nicht gefunden. Entweder es ist zu früh oder es ist zu schlecht.

L: Ok und jetzt noch eine Frage, weil Du jetzt auf Nr 12 geklickt hast, wie findest Du die Wartezeit zwischen dem was Du da geklickt hast und den anderen Links die Du angeklickt hast? Ist da ein Unterschied oder..?

T: Also die Erstsuche geht langsamer, ich weiss nicht genau wie's aufgebaut ist, aber es ist ok wenn's einmal länger dauert und dann bei den nächsten Klicks schneller geht. Also die Seiten durchzuklicken geht relativ flott, des is schon ok, es ist auch überall ein Bild dabei, prinzipiell ist die Ladezeit nicht schlecht, aber die Frage ist, ob man sich zu viele Gedanken gemacht hat über das technischen Background und weniger um das Ziel... also prinzipiell hab ich 2 Ziele gehabt, die hamma beide nicht erreicht und das 3. war ein Ausweichziel und selbst das war zu kompliziert.

L: Was meinst Du jetzt genau mit technischem Background?

T: Also, dass das ganze schnell geht, dass soviel Informationen wie möglich drinnen stehen ist wunderbar aber was bringt mir das wenn ich nicht das krieg was ich will?
Also ich wollt nach Kroatien, Kroatien haben's nicht, ok, dann nach Italien, ans Meer war nicht möglich, da waren keine Unterkünfte oder es war einfach nicht möglich da was zu finden. Irgendwas anzuklicken bis zum Schluss ok, viel zuviele Informationen dazwischen, die mir nix bringen, also viel Information ist nicht schlecht, aber die bringen mir nix, die da drinstehen, und wenn ich dann buchen will und es gibt noch immer Leute heute, die keine Kreditkarte haben, dann hab ich keine Chance, dann muss ich dort anrufen, muss dann überweisen, das heisst ich muss eh mit irgendwem reden dort, und dann..eigentlich mach ich's ja, weil ich das gleich haben will und nicht mit irgendwem palabern will, und es gibt auch Möglichkeiten, Überweisungen da zu machen, also zB keine Ahnung, Lotto spielen im Internet da kannst die Überweisung online machen, vom Konto...

L: Mit Deinen Bankdetails?

T: Genau, da kannst eine direkte Überweisung machen von Deiner Bank dorthin, und dann hast es aufgelistet und dann, hab ich's überwiesen, passt. Das würde mit dem auch gehen.

L: Und wenn wir jetzt noch kurz den letzten Schritt durchgehen, mit der Buchung selbst? Wo wir jetzt die Dateneingabe gemacht haben?

T: (unverständliches Gemurmel) da geht jetzt wieder das Popup auf, weiter zur Buchung, wenn ich mal weiss was ich noch haben will... mit Vollpension, äh so, berechnen, achso, ich hab was neues ausgewählt und das wurde neu berechnet automatisch.

L: ok, was hat er da jetzt genau ausgerechnet?

T: Äh, was jetzt die Vollpension mit dem Reisestorno ausmacht. Ok, Dateneingabe, (gibt Daten ein). Land? Was der wird ja wissen wo ich daheim bin... Vorname des ersten Versicherten... ist das mein Name? Aber.. na ok ich geb da nocheinmal meinen Namen ein ... Ich akzeptiere die allgemeinen Geschäftsbedingungen...

L: Also wir gehen davon aus, dass Du eine Kreditkarte hast

T: Wo find ich die Kartenprüfnummer? Da klick ich drauf, da geht was auf, ah, schön, da seh ich die Bilder wo ich die Nummer find. Hab ich einen Gutschein, nein, weiter zur Bestätigung. Da klick ich jetzt, da wird er mir wahrscheinlich gleich aufschreien, weil die Kreditkarte nicht passt.

L: Was denkst Du Dir?

T: Ich denk mir, das hat funktioniert. Ihre Buchung, dann scroll ich runter, keine gültige Emailadresse, keine gültige Kreditkartennummer. Ok das könnte man leicht übersehen, so schaut's jetzt aus als ob's funktioniert hätt.

L: Also auf den ersten Blick..

T: Na auf den ersten Blick, da alles grün ist.. glaubt man es ist alles ok, wenn man natürlich genauer schaut, ok Buchung 5. Schritt ist es nicht, sondern der 4. Schritt...

L: Ok, da muss man aber natürlich auch einen Blick für's Detail haben..

T: Ja, wenn ich mir denke, meine Eltern buchen das, die wären wahrscheinlich garnicht soweit gekommen, spätestens jetzt hätten sie zugemacht.

L: Ok, aber Deine Eltern kennen sich aus mit Online Buchungen?

T: Nein, garnicht, die sind da relativ unbedarft, also haben keinen Computer und so aber wenn man davon ausgeht, dass sie das online buchen würden, das ist ja für so Leute gedacht, also ganz normale Menschen, dann täten's jetzt, abgesehen von der Frage: Hat das jetzt geklappt? Glaub ich schon, dass sie davon ausgehen, es steht ja alles da, die Gesamtsumme, ihre Buchung, danke hat funktioniert, das Fenster können wir zumachen. Das sollte vielleicht oben stehen, Fehler und nicht.. es ist zwar gut wenn's dort auch steht wo's falsch ist und farbig markiert ist aber ... wer hat die Seite gemacht? Also sind wir prinzipiell fertig. Hast Du noch eine Abschlussfrage?

L: Würdest Du Dich registrieren bei Tiscover?

T: Es könnt sein, das ich in der ersten Euphorie, wenn ich am Anfang schon sehen würd registrieren Sie sich, und es steht dort, beim nächsten Mal ist alles gespeichert und Sie haben die Merkliste wieder, würd ich's wahrscheinlich machen, wenn ich mir irgendwas aussuch und das beim nächsten Mal dann wieder sehen will dann ja, nach dem jetzigen Stand nein. Nach dem jetzigen Stand würde ich nichts über Tiscover suchen.

L: Ok, das heisst jetzt abgesehen von der Merkliste, Du kannst Dich ja auch registrieren lassen für Angebote oder Informationen, den Newsletter

T: Nein, würde ich nicht. Aber nur deswegen weil ich hier jetzt so auf die Nase gefallen bin eine dreiviertel Stunde.

L: Ok also Du hast jetzt freie Bahn, mir zu sagen, was Dir gefallen hat und was nicht und wenn möglich auch Empfehlungen zu nennen.

T: Meiner Meinung nach ist das ein gewachsenes System und sie haben's versäumt, für mich schaut's so aus als ob das noch nie ein User verwendet hat während es programmiert worden ist. Für mich schaut's so aus, welche Funktionen/Informationen wollen wir drinnen haben, dann haben's alles reingepragt, die Tourismusvereinigungen oder so, die Programmierer, Tiscover hat alles reinprogrammiert und haben's versäumt das für den User so einfach wie möglich zu machen. Das ist wie das Internet selber, da steht viel zu viel drin und Du musst tausend Klicks machen bis Du irgendwo hinkommst, und zum Schluss ist erst nicht das was Du eigentlich haben willst. Was mir fehlt ist wie verwendet man das Ding, also wenn Du das und das klickst dann bist Du dort.

L: Du meinst also bevor Du anfängst Dich durchzuklicken, dass Du informiert wirst.

T: ZB Du brauchst eine Kreditkarte zum Schluss, wenn nicht, musst bei uns anrufen, keine

Ahnung gehen Sie zur Suche Hotels und Unterkünfte, da geht's am schnellsten wenn Sie schon wissen wo Sie hinwollen, solche Dinge, sonst muss ich mich selber da durchquälen, ich bin eh nicht so anspruchsvoll aber die Seite ist mir zu mühsam. Ich glaube das gehört abgespeckt das System. Also technischer Hintergrund ist ok, die Erstsuche dauert ein bisschen, Du hast dann aber auch 100.000 Ergebnisse dafür, also das ist nicht schlecht, gewöhnungsbedürftig ist dieses Popup Fenster wenn Du auf Details klickst, Details vom Hotel. Und wenn ich dann auf buchen geh, dass er wieder aufs hintere Fenster zurückgeht, das ist,... hab ich so noch nie gesehen. Schaut eigentlich ganz nett aus, mit der Farbe und den tabreitern und so aber ich komm nicht ans Ziel, das ist das Problem.

L: Also würdest Du den ease of use als schwer bezeichnen?

T: Also vielleicht ist es nur für mich schwer als Programmierer, vielleicht kommt der normale User ans Ziel, vielleicht kapier's nur ich nicht. Kann natürlich auch sein, aber meiner Meinung nach schaut's schön aus aber ich kann mir nicht vorstellen, dass viele Leute zu dem Ziel kommen, das sie wollen ohne stundenlang davor zu sitzen, aber 3 Stunden lang will ich mich ja damit nicht beschäftigen.

L: Ok also was würdest Du in so einer Situation dann machen, das dauert zu lang und Du hast dann am Schluss keine Kreditkarte, würdest Du dann zum Telefonhörer greifen und anrufen?

T: Nein, ich würde Tiscover umgehen und direkt im Hotel buchen da muss ich auch Tiscover keine 30 Euro zahlen und würde dem Hotel dann eine Anzahlung geben. Also ich würde Tiscover umgehen.

L: Also von meiner Seite war's das, es sei denn Du willst noch etwas hinzufügen.

T: Interessant wär auch ob die andere Farben haben.. ich komm aus Italien garnicht mehr raus, aha da komm ich auf ein Home da war ich garnie, da sollte man gleich hinkommen. Also ich bin jetzt auf Home gegangen, bin auf der Tiscover Italien Seite, aha da gibt's für jedes Land eine andere Seite. Na gut das ist auch grün, schlägt sich ein bisschen mit dem blau im Hintergrund. Da ist viel zu viel Information drin, wie eine Tageszeitung.

L: Wie kommst Du das jetzt wieder nach Italien?

T: Keine Ahnung, da komm ich jetzt garnicht mehr nach Italien. Nein das ist viel zu viel, viel zu gross, die sind über's Ziel hinausgeschossen. Ich weiss nicht ob das Ding überhaupt dafür gedacht ist, dass man wirklich bucht oder nur darin schmökert und dann die Buchung irgendwo anders macht. Es steht von allem irgendwas drin. Da steht dann das Fremdenverkehrsamt, da kann man dann buchen.

Vielleicht war das am Anfang zum Buchen gedacht und dann haben sie vergessen, dass es da User gibt. Also wenn ich das nicht schaff... Ich hab gesagt ich will ans Meer und an den Strand, vielleicht hätt ich sagen sollen ich will nach Lignano aber dann ist es viel zu gross, sodass ich es genau wissen muss. Also wenn man nicht weiss wo der Ort ist weiss man nicht wie man hinkommt

L: Also Du meinst man sollte genaue Vorstellungen haben

T: Ja dann ist es nicht schlecht, aber wenn ich sag ich will einfach nach Italien, dann kann das länger dauern.

L: Also braucht man Zeit und Geduld

T: Ja also eine halbe Stunde hinsetzen und nur sagen ja ich will irgendwo nach Italien, das wird nicht funktionieren. Außer dass man sich wundert, dass Kroatien nicht drin ist, das ist ja jetzt der boomende Markt, da kann man ja sogar schon ins Landesinnere, ist ja alles hergerichtet, das wundert mich schon...

Ja, also das war's, ernüchternd...

L: Dankeschön.

Interview 3 mit Thomas Langthaler
23. Juli 2008

Leyla: Ich werde Dich heute durch das Interview führen. Du weißt wahrscheinlich warum wir heute hier sind, aber ich werde dir nochmal kurz den Grund unseres Treffens beschreiben. Ich möchte eine Website testen, die Teil meiner Diplomarbeit ist und würde gerne das Verhalten von Usern, die regelmäßig das Internet verwenden, analysieren.
Ich möchte genau hören, was du denkst wenn du die Website benützt, also leg dir kein Blatt vor den Mund und sprich aus was dir am Herzen liegt. Denke laut! Die Idee ist soviel wie möglich an Information von dir zu erhalten. Falls du Fragen haben solltest, lass es mich wissen. Ich kann dir vielleicht nicht auf alles Antwort geben, nachdem ich ja wissen möchte, wie du die Situation alleine und ohne Hilfe bewältigst. Also lass uns anfangen!
Bevor wir uns die Website anschauen, sag mir was dein momentaner Beruf ist?

T: Mein momentaner Beruf? Ich bin Angestellter.
L: OK und wobei?
T: Ich bin angestellt bei der Firma Constanzia (versteh den Firmennamen nicht genau)
L: Ok, was macht man da?
T: Ich leite dort den Bereich Prozessmanagement
L: Ok und wie lang machst Du das schon?
T: Das mach ich jetzt schon seit 6 Jahren
L: Ah ok schon so lange... und macht's Dir Spaß?
T: Mal mehr mal weniger
L: Ok, naja, ups and downs so wie immer. Und kannst Du mir sagen wie oft pro Tag oder pro Woche Du das Internet benützt?
T: Also im Webbrowser bin ich sicher mehrere Stunden pro Tag.
L: ... pro Tag, ok und was ist da der Grund dafür?
T: Einerseits normales surfen, wobei das nicht der Großteil ist, der Großteil sind Applikationen, Unternehmensapplikationen die wir im Web haben, wie Portal, wie Reportingtools etc.
L: Ok alles klar, das heißt Du kennst Dich schon ein bißchen aus im Internet usw.
T: Könnte man sagen
L: Ok sehr gut. Was hältst Du von Online shopping?
T: Ähm vom Onlineshopping halt ich relativ viel wenn's um Dinge des täglichen Gebrauchs geht.
L: Hast Du das auch schon mal..?
T: Sehr oft, ja..
L: Ok, was hast Du da zB geshoppt?
T: Klassiker, Bücher, CDs aber ich hab auch schon ähm Schi, Raumbefeuchter und ähm ja,
L: und auf welcher Seite zb?
T: Die Schi auf Ebay und den Raumbefeuchter auf der Seite eines Raumbefeuchterspezialisten.
L: Alles klar und hast Du da zum Teil auch negative Erfahrungen gemacht mit dem Online Shopping?
T: Nein.
L: Alles glatt gelaufen?
T: Ja.
L: Ok wir sind mit den Einleitungsfragen fertig und ich werde jetzt die Seite öffnen, ein Sekündchen... Jetzt hätte ich gerne, daß Du Dir die Seite genau anschaust und versuchst, mir den Zweck zu nennen, vergiß nicht laut zu denken.
T: Diese Seite ist dazu da, Urlaube zu buchen.
L: Ok, und was gibt Dir den Grund das zu glauben?
T: Ich glaube es, weil da steht, daß man Hotels und Unterkünfte, Pauschalangebote buchen kann und darunter steht neu für Ihren Badeurlaub, also.. öhm und Wanderurlaub steht auch drauf und Buchungshotline, also..
L: Ok alles klar, und wie ist jetzt Dein Eindruck, was fällt Dir besonders auf an dieser Seite,

also layouttechnisch, farbtechnisch, hintergrundtechnisch, alles was ... wie ist da Dein Eindruck?

T: Mein erster Eindruck ist, es ist keine sehr klare Struktur hier..

L: Ok warum?

T: Ähm ich sehe allerhand Ländernamen hier drauf, auf der linken Seite sehe ich international, Deutschland, Großbritannien, Italien, auf der rechten Seite seh ich Toporte, Deutschland, Großbritannien, Italien, ähm, das da in der Mitte, Hotels Unterkünfte das kommt mir noch relativ klar vor, das ist halt wie auf den typischen Hotelbuchungsseiten, wo ich Anreise-Abreisetag, Kategorie usw auswähle und mir dann wahrscheinlich eine Auswahl an Hotels gegeben wird, die meinen Wunsch erfüllen können. Das ist mir relativ klar. Ich kann hier auch switchen zu einem Routenplaner, das ist mir auch klar. Und sonst sind halt links drauf, es ist wenig Information hier auf der ersten Seite..

L: Ok und was hältst Du zB von den Farben also findest Du die ok oder würdest Du sie ändern wollen? Beruhigt Dich das oder störts Dich nicht oder fallts Dir garnicht auf?

T: Es beruhigt mich nicht, es stört mich nicht, ich würd diese Titelzeile dieses Mall and Travel würd ich da nicht so raus und diese Alm-Öhi Tante würd ich da nicht so rausheben, weil die nimmt relativ viel Platz weg.

L: Ok, gut und wenn ich Dich jetzt fragen würde, was Du als erstes anklicken würdest, was würde Dich am meisten interessieren?

T: Wanderurlaub in Österreich

L: Ja?

T: Mmh

L: Ok, gut dann gehen wir jetzt zur Tat, und zwar hätte ich ganz gerne, dass Du Dir ein Reiseziel aussuchst und diese Buchung machst..

T: Wo klick ich jetzt an? Links oder rechts?

L: Also wie gesagt, diese Fragen kann ich Dir nicht beantworten, außer es kommt zu einem Sturz des Internets. Du bist jetzt auf Dich allein gestellt, ich möchte jetzt, daß Du jetzt wie wenn Du jetzt wirklich einen Urlaub planst...

T: Ok ich klick jetzt auf Südafrika, auf Capetown, da möcht ich jetzt hin.

L: und vergiß nicht, jeden Schritt laut zu denken.

T: Also ich hab jetzt Capetown,

L: Also bei den Toporten hast du das angeklickt?

T: Ja, da seh ich hier, Holiday in South Africa, Capetown center. Was soll ich jetzt machen?

L: Naja, Du hast Dir jetzt diese Destination ausgesucht, und Du tust jetzt so als ob es eine reale Buchung wäre und wir folgen dem Prozess bis zur Zahlungsaufforderung

T: Ok also ich geh jetzt auf book online, nicht?

L: Und zu allem was Dir hier auffällt, kannst Du auch Deinen Senf dazu geben..

T: Ja.. ich möchte natürlich im November nach Südafrika weil das ist sehr angenehm dort, also ich wähle November 2008 und will am Montag den 3. November abreisen, mmh beziehungsweise dort ankommen, und will am – ich will natürlich 3 Wochen bleiben – und will am 24., na am 23. wieder zurück fliegen. Ich brauch ein Zimmer für 2 Personen, das ist schon eingestellt, keine Kinder und ich such jetzt mal..

So, jetzt krieg ich das Ergebnis, das sind insgesamt 26 Accomodations schlägt es mir vor. Alle mit einem kleinen Bildchen, mit Namen, welche Kategorie, und mit einer Übersicht über die Leistungen und mit einer Preisangabe, die mir sehr hoch erscheint, wo ich nicht seh, in welcher Währung das ist. Das wäre ganz gut zu wissen. Ich seh auch wie diese Unterkunft von anderen Nutzern geratet wurde, falls Ratings vorhanden sind. Und jetzt, ich kann auch die Sortierreinfolge ändern, das heißt – ich bin eher ein 5 Stern Typ, das heißt ich sortier jetzt mal von 5 Stern abwärts, ich möcht natürlich ins teuerste was es gibt und da seh ich die Flat Rock Suites. Da seh ich schon, das befindet sich in Camps Bay... wahrscheinlich..

L: Warum?

T: So, weil da hinten die..

L: Achso Du warst schon mal in Südafrika.

T: Mmh, ok, also ich hab hier ein 4 Stern Hotel das mir einen Parkplatz bietet. Ah und da steht jetzt: total price in ZAR. Das sind die südafrikanischen Rand. Gut, ich möcht's mir aber in Euro anzeigen lassen, das mach ich jetzt, zack, ok.

L: Was kuckst Du?

T: Ich kuck mir jetzt das rating an. Also ich hab hier die Flat Rock Suites, Suites wie auch immer, Suites, die mir hier als erstes ausgegeben wird. Also muss ich annehmen, dass das hier jetzt das luxuriöste ist, was es in der Liste gibt. Also es steht hier jetzt 1761,08 Euro. Die Frage ist wofür? Weil an 2. Stelle ist Primi Royal, auch ein 4 Stern Hotel. das bietet mir nicht nur einen Parkplatz sondern da kann ich sogar essen und schwimmen gehen. Swimmingpool und restaurant, das kostet 4047,18 Euro, ich klick da jetzt mal auf continuo... und da könnt ich schon voll buchen, total price 5089 wenn ich's inklusive Reiseversicherung nehme, die 242,36 Euro ausmacht, wenn ich da 20 Tage übernachten will. Hier steht's jetzt: total price for 20 nights, diese Information hat mir vorher gefehlt. Jetzt geh ich.. das sagt mir jetzt doch nicht zu weil irgendwie kann ich mir von diesem Hotel jetzt keine Details anschauen. Oja, ich klick jetzt auf superior room

L: musst du nochmal klicken

T: Camps Bay, wie ich gesagt hab... schaut sehr altmodisch aus, will ich doch nicht nehmen, seh ich 2 Bilder mit grauen Sofas und einem hässlichen Teppich.

L: und diese Bilder sind jetzt entscheidend für Dich?

T: Die Bilder sind schon entscheidend. Was ich hier schlecht finde, es sind in erster Linie nur 2 man kann sie nicht vergrößern, also ich seh sie nur sehr klein, ungefähr 4x4 cm. Also würd ich mir wünschen, dass ich das vergrößern kann und vielleicht ein paar mehr Bilder seh. Ich kann aber hier, seh ich gerade auf der linken Seite offensichtlich mir noch mehr anschauen zu diesem Hotel. Seh jetzt eine Terasse und den Teil des Swimmingpools mit dem Lionhead im Hintergrund aber auch die Bilder kann ich nicht vergrößern. Ich kann mir anschauen, wie ich hinkomme, by car oder by aeroplane. Facilities, was hab ich da alles? Ich hab ein Swimmingpool, Jacuzzi, Evening Entertainment, Hiking, Mountainbiking, Sailing, Volleyball und das ist suitable für single travelers, business travelers, gay friendly sogar, green, environmentally friendly und non smokers, und es werden allerhand Kreditkarten akzeptiert. Gut, wie komm ich jetzt wieder zurück zur Booking page? Wahrscheinlich wenn ich auf rooms und prices geh. Nein... ah ich muss ganz einfach dieses Fenster schliessen. Ok, das ist logisch. Jetzt bin ich wieder zurück auf der Seite wo ich jetzt unmittelbar die 20 Nächte in diesem Primi Royal Hotel um 5000 und ein paar zerquetschte Euro buchen könnte. Also continue with data input..

L: Jetzt hab ich das glaub ich falsch verstanden, wolltest Du nicht ein anderes Hotel nehmen?

T: Ich könnte jetzt ein anderes Hotel nehmen.

L: OK weil ich dachte das sagt Dir jetzt doch nicht so zu...

T: Na die Bilder haben mich jetzt überzeugt und ich würde jetzt das gerne nehmen. Ich seh jetzt hier eine Auflistung, ich krieg einen superior room mit breakfast und ich hab eine Reiseversicherung dabei. Der Preis aufgesplittet in Euro und ZAR und dann wird mir noch angezeigt, was mir als Anzahlung sozusagen abgezogen wird, also 387 Euro Anzahlung müsste ich leisten und dann könnte ich schon meine Daten eingeben, meinen Namen, meine Adresse, mein Herkunftsland, meine Telefonnummer und meine Email und wann ich ankommen möchte. Also ich geb meine Daten ein... ich suche mein Land aus und finde Austria aber nicht... ok, also ich muss in der drop down Liste anklicken, Austria ist lustigerweise ganz oben, nicht chronologisch angesetzt. Kommentar... late arrival um 23 Uhr, dann muss ich noch die Versicherungsperson eingeben, das ist meine Freundin... was muss ich da jetzt machen? Ah, also ich darf ins erste Feld nur den Vornamen eingeben und ins zweite nur den Nachnamen. Dann muss ich mir noch die Terms of business durchlesen, das werde ich natürlich nicht machen, aber ich könnte sie mir sogar downloaden, also ok ich akzeptiere, gebe meine Kreditkartennummer ein mit dem security code, dann könnte ich auch noch einen Voucher eingeben wenn ich einen habe, den hab ich aber nicht. Dann steht hier noch down payment for the booking of your package due is required, das weicht jetzt aber von der Information ab, die ich vorher bekommen hab, dass ich 387 Euro deposit zahlen soll und da unten steht jetzt, dass ich 2229,7 zahlen soll. Also wenn ich's richtig verstehe sollte down payment und deposit ja das gleiche sein meiner Meinung nach. Also ich bin jetzt unsicher ob wenn ich das jetzt buche ist deposit 387 Euro oder 2229 Euro.

L: Na ist ja schon ein Unterschied. Also was würdest Du in so einer Situation dann machen?

T: Abbrechen.

L: Wirklich?

T: Ja

L: Ok und hast Du Dir die anderen Dinge die auf dieser Seite stehen auch durchgelesen? Also beim runterscrollen?

T: The deposit and the holiday insurance will be debited from your credit card. The balance payment is to be made at the accommodation und hier steht 387,77 und was ist dann ein down payment? Das weiss ich nicht.

L: Das weiß ich auch nicht. Das ist problematisch. Also das wäre jetzt ein Grund für Dich hier abzubrechen spätestens auch wenn Du die Reise unbedingt machen willst?

T: Ja. Genau.

L: Und wie würdest Du dann Dein Verlangen sozusagen befriedigen, wenn Du diese Reise unbedingt machen willst?

T: Ich würd mir die nächste Seite suchen über die ich buch.

L: OK alles klar. Nichtsdestotrotz hätt ich jetzt gerne, dass Du so tust als ob Du alles verstanden hättest und mit der Buchung fortfahren

T: Continue with confirmation.

L: Was denkst Du Dir?

T: Was denk ich mir? Es wird jetzt nochmal wiederholt was ich gebucht habe, stimmt alles überein und hier steht jetzt, the following services are not included in the price: 50% deposit required before reservation can be confirmed. Remaining 50% required 30 days prior to arrival.

L: Was geht jetzt in Deinem Kopf vor?

T: Noch mehr Konfusion. Das bestätigt eigentlich die unsichere Situation von vorher. Einerseits schreiben sie 387 Euro, das sind nicht mal 10% oder 7%, und dann steht 50% deposit required before reservation can be confirmed. Also ich würde... ich komm mir hier eigentlich ein bisschen veräppelt vor.

L: Ok alles klar. Und ähm hast Du jetzt das Gefühl, dass Dir bekannt gegeben wurde, dass deine Daten die du eingegeben hast, nicht korrekt waren?

T: Ob meine Daten nicht korrekt waren?

L: Ja, weil wenn Du raufgehst, das ist das erste was Du siehst... was sagt dir diese Seite? Also Du hast jetzt Deine Daten und Kreditkarte eingegeben und gehst auf continue with booking und das ist das nächste was Du siehst.

T: Ist das ganze dann nocheinmal eine Wiederholung dessen? Es wird alles nocheinmal wiederholt, im Prinzip ist es der gleiche Screen wie vorher, nur mit einer zusätzlichen Information hier. Weil alle mein Daten werden hier nochmal angegeben, auch wieder das down payment 2229 Euro, was auch verwirrend ist weil das entspricht nicht den 50% die hier wieder angegeben sind. Entweder ich steh auf der Leitung oder es ist hier was komplett falsch.

L: OK, gut also die Idee ist es ja, sozusagen eben das Verhalten von den verschiedenen Usern zu beobachten was sich da jeder denkt, damit ich das analysieren kann. Grundsätzlich sind wir fertig, ich hätte aber noch ein paar weitere Fragen. Und zwar, wie ist dir der Zeitablauf von link zu link vorgekommen?

T: Wie darf ich das verstehen?

L: Ist dir der Zeitablauf zwischen den Seiten, den neuen Fenstern ok vorgekommen oder hast Du lange warten müssen?

T: War ok von der Performance der Plattform

L: Wie hat Dir das Informationsangebot der Seite gefallen?

T: Informationsangebot find ich ok, die Information im Zuge des Bookingprozesses ist verwirrend für mich.

L: Ok und könntest Du Dir vorstellen oder würdest Du Dich bei tiscover registrieren um Newsletter zu erhalten oder special offers?

T: Nein.

L: Warum?

T: Warum? Ich weiss nicht, wenn ich auf diese Seite kommen würde und wirklich nach Südafrika fliegen wollte und mir dort ein Hotel buchen und ich hätte da diese Erfahrung gemacht würde ich nicht noch weitere Informationen haben wollen.

L: ok, kannst Du mir jetzt nocheinmal resümieren, die Dinge die Dir an dieser Seite gefallen

bzw nicht gefallen haben? Angefangen von der Homepage
T: Also die Homepage gefällt mir so am Anfang nicht vom Einstieg, das ist nicht sehr aufgeräumt, das hat keine klare Struktur, da bin ich im ersten Ansatz mal verwirrt obwohl ich mich für eine geübten Internetuser halte. Vielleicht ist jemand der nicht so geübt ist noch mehr verwirrt. Ähm jetzt so wie das durch den Prozess des Buchens durchgeht ist das logisch und durchaus auch state of the art so halt andere Hotelbuchungsseiten aussehen. Was diese Unsicherheit jetzt betrifft mit diesem Deposit, diese Vorauszahlung, 50% oder diese paar hundert Euro da, das halt ich für äußerst unklar und verwirrt mich und deshalb würd ich ... das beeinflusst den Gesamteindruck von der Seite und wäre ein Grund tiscover Homepage sofort zu schliessen.
L: Gut, dankeschön, das war's.

Interview 4 mit Daniel Schramek
23. Juli 2008

Leyla: Hallo Dani. Ich werde Dich heute durch das Interview führen. Du weißt wahrscheinlich warum wir heute hier sind, aber ich werde dir nochmal kurz den Grund unseres Treffens erzählen. Ich möchte eine Website testen, die Teil meiner Diplomarbeit ist und würde gerne das Verhalten von Usern, die regelmäßig das Internet verwenden, analysieren. Nur damit du weißt, ich analysiere hier nur die Website und nicht dich, du kannst daher gar nichts falsch machen.
Ich möchte genau hören, was du denkst wenn du die Website benützt, also leg dir kein Blatt vor den Mund und sprich aus was dir am Herzen liegt. Denke laut! Die Idee ist soviel wie möglich an Information von dir zu erhalten. Falls du Fragen haben solltest lass es mich wissen. Ich kann dir vielleicht nicht auf alles Antwort geben, nachdem ich ja wissen möchte, wie du die Situation alleine und ohne Hilfe bewältigst. Also lass uns anfangen!

Bevor wir uns die Website anschauen, sag mir mal was dein momentaner Beruf ist?
D: Ich bin molekularer Biologe und mache ein PhD am Institut für molekulare Biotechnologie.
L: Aha, ok wie lang machst Du das schon?
D: Das mach ich in Wien seit 2 einhalb Jahren, berufstätig bin ich seit 4 einhalb Jahren.
L: Aha und was hast du die anderen 2 Jahre gemacht?
D: In Sydney am Institut for medical research onkologische Forschung.
L: Ok also ich geh mal davon aus, dass es dir grossen Spass macht.
D: Ja.
L: Ok ähm, kannst du mir sagen wie oft du pro Tag das Internet verwendest bzw pro Woche?
D: Das kann ich nur pro Tag sagen, also Pro Tag zwischen 15 und 30 Mal.
L: OK und wie lang ist da die Dauer davon?
D: Sehr kurz.
L: Und was ist da der Grund dafür?
D: Wissenschaftlicher research, wissenschaftliche papers finden, Protokolle finden, Onlineprotokolle finden...
L: Also Recherche..
D: Recherche im weitesten, aber auch online bestellen, bei grossen Firmen.
L: Wenn Du sagst bestellen, im Sinne von deinem Beruf oder auch privat?
D: Hauptsächlich im Sinne meines Berufes – aber auch privat
L: Was hast Du da zB online gekauft?
D: Privat?
L: Ja
D: Wein, ähm jegliche Flugtickets eigentlich, ähm, Parfum..
L: OK und hast Du da auch schon negative Erfahrungen gemacht?
D: Ja. Wobei meistens verwende ich's nur um Preisvergleiche zu machen ehrlich gesagt.
L: Also zur Informationssuche quasi.

D: Ja.

L: Ok, aber ich mein die Sachen, die du bereits online gekauft hast, hat da meistens alles funktioniert?

D: Nein absolut nicht.

L: Nicht? Warum?

D: Flugticket ab Sydney gebucht, online ausgestellt worden, zum Flughafen gefahren und konnte nicht fliegen weil sie ein paper ticket haben wollten.

L: Ok und das wurde als Du es online bestellt hast nicht bekannt gegeben.

D: Nein, die haben mir eine email confirmation gegeben, ...

L: Also keine gute Erfahrung

D: Nein.

L: Und hat das jetzt irgendwie Einfluss darauf weiterhin online tickets zu kaufen?

D: Bei der Firma ja.

L: Bislang hast Du dann nie wieder... bei der Firma...

D: Nein, ich hab nie wieder..

L: OK alles klar. Wir sind jetzt mit diesen Fragen fertig, ich werd jetzt den Webbrowser öffnen für Dich..

D: Ok Tiscover...

L: Ja, kennst Du die Seite?

D: Noch nie gesehen. Hotels, Unterkünfte, Pauschalen.. gut...

L: Ok das wär jetzt nämlich meine Frage gewesen, dass du dir die Seite anschaust und mir mal den Zweck...

D: Urlaubsbuchung.

L: Urlaubsbuchung, ok... das ist ganz klar für Dich?

D: Aber keine Flüge..

L: Warum nicht?

D: Weil ich's da nicht seh.

L: Ok, gut. Wie ist da jetzt dein Eindruck? Was fällt dir besonders auf an der Seite?

D: Es ist eine österreichische Seite.

L: Ok, wieso?

D: Na wegen den blöden Bildern.

L: Könnt doch auch eine schweizer Seite sein oder?

D: ist aber wahrscheinlich eine deutsche Seite... ich weiss es nicht.. also es kommt mir so vor. Das ganze ist auf deutsch... das fallt mir auf. Ist eigentlich recht übersichtlich.

L: Was sticht dir da ins Auge zum Beispiel?

D: Dass man ganz am Anfang mal gleich Kategorien auswählen kann.

L: Was für Kategorien?

D: Hotels, Unterkünfte, Pauschalen, Routenplaner

L: Ok, und was siehst du noch?

D: Ähm dann gibt's die Toporte, da wollen's dir was einreden. Dann gibt's international, das find ich recht angenehm, wobei die Liste relativ kurz is. Und Spanien fehlt. Abgesehen davon ist es komplett irrational dass da international steht und dann stehen da ein paar Länder. Da sollten eigentlich Kontinente stehen und da sollte man draufklicken.

L: Ok, gut und wie gefällt dir jetzt zB das Design? Farbtechnisch, Imagetechnisch?

D: Ansprechend.

L: Ja? Was würdest Du jetzt zB als erstes anklicken wollen?

D: Ähm ich wäre zu international gegangen und hätte mir das Land ausgesucht wo ich die Seite haben möchte, wo ich hinfliegen möchte. Hätte mich aber geärgert, wenn's nicht dort gestanden wäre.

L: Naja, also was meinst Du wenn's nicht dortgestanden wäre?

D: Wenn ich zB nach Spanien fliegen möcht und da steht nicht Spanien...

L: Willst Du noch etwas sagen zu der Seite, das dich besonders anspricht? Fallt dir noch irgendwas auf?

D: Ja, es gibt zwei Sprachauswahlen. Stehen sogar in der richtigen Sprache dort.

L: Na bitte. Immerhin. Ok, dann würd ich jetzt sagen, gehen wir zur Tat. Nachdem wir uns die Homepage angeschaut haben. Ich möchte, dass du dir ein Reiseziel aussuchst und eine

Buchung tätigst und ich möchte, dass du weisst, dass wir die Buchung nur bis zum Zahlungsprozess machen. Du solltest das ganze als reelle Buchung ansehen.

D: Darf ich mir ein Land aussuchen?

L: Ja, bitte.

D: Ich möchte nach Cancun, Mexico.

L: Na und, steht's dort?

D: Nein.

L: Warum?

D: Weil's erstens mal nicht dortsteht, das heisst ich kann mit dieser Seite nicht hinfahren, deswegen kann ich's mir auch nicht auswählen, ich würde die Seite verlassen.

L: OK, abgesehen davon hätt ich jetzt gerne, dass du dir von der Länderwahl die dir hier geboten wird ein Reiseziel aussuchst.

D: Ich suche mir Grossbritannien, Schottland und Edinborough aus.

L: Ok und du nimmst jetzt sozusagen das Menü von der Mitte.

D: Ja, wobei ich ehrlich zugeben müsste, wenn ich a priori nach Grossbritannien fahren wollte, würd ich schon zu international gehen.

L: Ja dann tu... mach so wie du's wirklich machen würdest. Und vergiss nicht, jeden Schritt laut mir zu sagen.

D: Ich habe mir Grossbritannien unter der Sparte international ausgesucht, und es kommt eine Fehlermeldung...nein Datenschutz. Ich klick mal auf ok, das interessiert mich nicht.

L: Ok. Was siehst Du jetzt?

D: Unterkünfte buchen... ich schau komischerweise nur nach links... Unterkünfte buchen, Unterkünfte suchen, Auswahltips für Aktivitäten, keine Auswahltips für Städte. Find ich interessant.

L: OK, was machst du jetzt?

D: Ich such mir die Stadt wo ich hinfahren möchte. Region Grossbritannien, Schottland

L: OK, für welchen Tag gehst Du?

D: Mitte August, sehr kurzfristig... wir sagen den 8. bis zum.. was ist das? 1 Woche... 15. August. Ähm ich bin single, Anzahl der Zimmer, Zimmerart, alle Wohnungen... Suite... Suite...gut, ähm, da gibt's jetzt das Ergebnis. You're searching one room for one adult... am 8.8. bis zum 15.8. we cannot find any available rooms that can be booked online for your selected dates.... Das ist schlecht, weil sie sagen mir nicht mal warum sie nichts finden und sie schlagen mir auch nichts anderes vor. Die sagen zB jetzt nicht ob die nur von Samstag bis Samstag buchen können oder nicht. Das heisst, ich bin jetzt in einer vollkommenen Sackgasse. Das heisst ich konnte mir weder aussuchen, wohin ich in Schottland möchte noch weiss ich was ich jetzt weiter machen kann. Ich komm jetzt eigentlich wieder zur gleichen Auswahl. Was mich ärgert, weil die schon wissen, dass ich nach Schottland möchte. Ähm das heisst ich kann mich jetzt eigentlich spielen mit den Daten und herausfinden ob das wirklich nur von Samstag bis Samstag geht oder von Freitag bis Freitag. Oder ich würde diese Seite verlassen... um ehrlich zu sein. Dann kann man anrufen...opening times...

L: Wo kann man anrufen?

D: (seufzt) Call your travel expert for help. Das ist da irgendeine teure Nummer, das mach ich schon garnicht weil ich wollt's ja online buchen. Ok, dann gibt's da alternatively search our complete accommodation directory for the widest range of accommodation options.

L: Und was hältst du jetzt davon?

D: Das verwirrt mich jetzt mal. Diese Seite hat auf Deutsch begonnen und jetzt sind wir auf Englisch. Das würde mich jetzt nicht abschrecken, ähm, alle anderen, ich glaube oder viele deutschsprachige wird's jetzt abschrecken, vorallem wenn's vorher eine Option gegeben hat Deutsch/Englisch...

L: Und was sagst du jetzt zur Seite selber? Also ist da jetzt irgendwie ein besonderer Eindruck den du jetzt davon hast?

D: Nutzlos.

L: Nein jetzt abgesehen davon, also jetzt vom Inhalt... jetzt vom Layout zum Beispiel.

D: Das Layout... es hat relativ lang gebraucht bis ich diese einzige Option die sie mir geben, nachdem sie mir nicht das angeboten haben was ich wollte, ziemlich klein ist.. oder ich hab's vielleicht nicht so ganz schnell gesehen.. ich bin in einer Sackgasse mehr oder weniger.

L: Aber ist dir jetzt so layout und auch imagetechnisch... wir haben uns ja zuerst die Homepage angesehen.

D: Da hat sich das ganze Layout verändert oder nicht? Plötzlich ist ein blauer Hintergrund...Ich bin plötzlich.. aha das ärgert mich auch.. das passiert nämlich ziemlich oft und dann spring ich meistens ab, wenn sich die Homepage ganz einfach ändert. Wenn Du zu einer.. irgendwas kommst, das irgendwie ansprechend ist und dann kommst du zu einer plötzlich ganz anderen Seite. Das ist auch eine andere Seite wenn man sich's so ganz genau anschaut... das heisst das war nur ein link irgendwo hin... und dann macht man schon automatisch nicht mehr weiter... weil man wollt ja... was war das nochmal? Ein Internetportal von einem Travelagent einem Reiseanbieter. Also der hat eigentlich nur eine Maske gehabt und hat mich irgendwo anders hingeschickt wo ich nicht mehr weiter komm und das ist eine andere Seite.

L: Ok also Du bist auf eine andere Seite gekommen und das irritiert Dich?

D: Ja, das irritiert mich weil da zwar eine Fehlermeldung kommt, dass sie nix finden können, aber mir keine anderen Optionen. Also sie geben mir zB nicht die Option, es gibt keine Suite es gibt nur Zimmer. Und damit bin ich in einer Sackgasse.

L: Und das heisst in einer Situation wie dieser, was würdest du dann tun? Wenn du jetzt unbedingt nach Schottland fahren möchtest?

D: Ich würde zurück zu google gehen.

L: Wirklich?

D: Ok. Obwohl unter Umständen würde ich wieder zurück auf die Homepage gehen und die Suite wegklicken.

L: Also du hast jetzt den BACK button verwendet um wieder auf die Homepage zurückzukommen und hast die Zimmerart geändert.

D: Ok, er rechnet.. und jetzt bin ich auf der gleich Seite... was ja schon ganz interessant ist.. es ist die gleich Seite www.tiscover.com/uk und jetzt bieten sie mir aber etwas an. Das Radisson SAS London Stansted Airport, ein 196 Bishop's Gate auch in London, ein Cottonwood Hotel in Birmouth… ähm und ungefähr 6 andere Optionen. Das hilft mir alles überhaupt nicht weiter, weil ich möchte ja eigentlich nach Edinborough. Da gibt's sortieren, bitte auswählen, da gibt's eine Gästebewertung, einen Preis, eine Auszeichnung und einen Ortsnamen. Na gut, geh ma mal auf Ortsname, das wird von A-Z sortiert, das hab ich besonders gerne (ironisch) vorallem wenn da ungefähr 4 nein 5 Optionen kommen... bis ich da nämlich irgendwann von Birmouth nach Glasgow, nein Edinborough.. dann klick ich mal hier, dann bin ich in Cambridge...

L: Aber moment, jetzt bin ich ein bisschen irritiert. Weil bei der ursprünglichen Sucheingabe hast du da nicht Schottland eingegeben.

D: Schottland aber primär wollt ich nach Edinborough.

L: Was man jetzt natürlich nicht mehr nachvollziehen kann, als du den back button gedrückt hast, ob sich da nicht auch deine Suchoptionen geändert haben..

D: Nein, sicher nicht weil die Suite hat sich ja auch nicht geändert. Wir sind im explorer zurückgegangen... sollen wir das testen?

L: Ok

D: ... gut, wir sind bei der 1. Suchmaske.. Schottland... sehr gut. Mittlerweile bin ich schon ein bisschen irritiert, weil jetzt kann ich mir aus einer limitierten Anzahl von Hotels in der Uk was aussuchen, aber ich muss erst zum richtigen Ort klicken. ... Dauert die Seite immer so lang?

L: Nein eigentlich nicht... aber ist sehr interessant zu observieren...

D: (sagt etwas unverständliches..) Ok, also wir können das ganze nach Ortsnamen sortieren, das kann ich jetzt machen, damit ich irgendwann mal zu Edinborough komm, ähm ich kann aber nicht in der gleichen Maske das ganze nach dem Preis sortieren. Das heisst mein Problem ist, sobald ich dann irgendwie nach Edinborough gekommen bin, kann ich dort nicht nach Preis sortieren, muss ich dann irgendwie durchradeln. Was unter Umständen auch mühsam sein kann. Ok ... (murmelt etwas) mmhh...

L: Was siehst Du?

D: Unter den ersten 5 Kategorien, und es gibt nur 6, ist alles was angeboten wird in Eastcliff bzw Central East in Birmouth und die nächste Destination die nach Orten nach A-Z geht ist Skipton in North Yorkshire, ok... und wir springen hier wild herum von einem Bauernhof und einer Frühstückspension zu einem 3, 4 Stern Hotel...

L: Aber man muss auch hinzufügen, du hast jetzt als Kategorie alles gewählt.

D: (murmelt)... nein ich hab geglaubt... aha...mmh..

L: Was ist da los?

D: Jetzt bin ich soweit gegangen wie ich mir gedacht hab in der Auswahl und bin glaub ich zu weit nach London gegangen.. jetzt muss ich wieder zurück klicken... mir kommt's sehr so vor, dass diese Seite eigentlich Angebote macht und nicht für Leute gedacht ist, die ganz einfach ein Ziel haben um irgendwo hinzureisen... kann das ca. Stimmen? Und ich komm noch immer nicht von Birmouth weg, egal wo ich hin will.. muss ein toller Ort sein.. (murmelt).. ok gut. Dadurch dass ich eigentlich immer noch gesortet hab von A-Z und von Cambridge nach Dorchester nach Austerly komme.. nehm ich mal an, die haben nix in Edinborough.. damit erübrigt sich die Geschichte für mich.

L: Ok und ähm wie kannst du da ... hast du da irgendwie jetzt noch eine andere Option, dass du sagst du gibst jetzt nicht auf sondern versuchst auf anderen Wegen herauszufinden ob Edinborough im Programm ist?

D: Nein. Ich könnte das ganze suchen...

L: Wie machst du das?

D: Es gibt eine Urlaub in Grossbritannien und eine Suchoption...

L: Ich glaub es ist mit e

D: Ok,man sollte vielleicht wissen, wie der Ort den man besuchen möchte geschrieben wird, das ist vielleicht mein Problem... Edinborough! Gut, Orte Städte Regionen, 1 Treffer von 1. Gehen wir doch mal hin...

L: Was hast Du jetzt geklickt?

D: Äh nach Edinburgh und da kann man dann einen Anfragebutton klicken.. wir heissen Sie herzlich willkommen, wünschen einen schönen Aufenthalt..

L: Wo?

D: Das ist es ja, oder nicht? Und da gibt es eine Kontaktadresse die aber in West Sussex ist. Es gibt aber eine Internetseite von Tiscover UK in Edinburgh. Die würd ich mir jetzt als nächste aussuchen. Welcome to Edinborough, the capital city of Scotland. Das ist schon wieder Englisch, aber das ist kein Problem und obwohl ich diese Seite geklickt hab, bin ich nicht wirklich auf diese Seite gekommen... und sie erzählen mir jetzt irgendetwas von Edinburgh, dass das die schottische Hauptstadt ist, das ist interessant und dann gibt's ein inquiry, ähm und check in date and departure to... das heisst da kann ich mir jetzt wieder meine Option aussuchen, das war Juli, nein August, der 8. bis August der 15. Das find ich nett, dass die da einen Kalender neben den Daten hat, das find ich sehr gut. Ähm ich geb nichts ein bei der Option welches Zimmer man haben möchte, total price up to... das wechsel ich jetzt mal zu Euros, da kenn ich mich besser aus, und up to... mmh, da steht up to 50, 100, 250, 500... wobei für 50 in Edinborough wird's sowieso eng nur zwischen 100 und 250 ist schon ein grosser Unterschied. Ist schon ein grosser Unterschied... aber hier steht für 0 persons.. ok, egal, ich geh jetzt mal für 100, little budget. Und dann fragen's mich erst, room type, number of persons. Da nehm ma mal einen, ich möcht eigentlich eine Suite haben. Bei der Kategorie geb ich nichts ein und dann gibt's da noch eine sehr interessante schon geklickte Option,die da steht keep me informed about further holiday offers by tiscover... das klick ich jetzt sofort einmal weg, und mache next step... und jetzt wollen sie meine contact details haben... die möcht ich aber nicht unbedingt preisgeben, weil dann brauch ich nicht im Internet buchen...

L: mmh, aber wie funktioniert das bei anderen ähm Reisen die du buchst, musst du da auch nichts eingeben?

D: Nein, hier haben wir ein anders Problem, hier schick ich ein inquiry ab, ich buch ja nicht online sondern schicke zu tiscover eine Anfrage und die mailen mir dann was zurück.

L: Ok was machst du jetzt?

D: Ich verlasse die Seite.

L: Ja?

D: Ja.

L: Ok, dann verlassen wir hier offiziell die Seite, ähm, jetzt möcht ich dir noch kurz ein paar kurze Fragen stellen, ähm, wie hast du jetzt den Zeitablauf von link zu link empfunden?

D: Also wenn wir zurückgesprungen sind hat's sehr lange gedauert, von link zu link war's eigentlich ok.

L: OK, wie hat dir das Informationsangebot der Seite während des Suchprozesses gefallen?

D: Garnicht.

L: Wieso?

D: Weil's mir in keinem einzigen Schritt irgendwo weitergeholfen hat.

L: Ok, inwiefern weitergeholfen? Was meinst Du?

D: Weil ich weder Informationen bekommen hab beim ersten Schritt, wo meine Suche mir keine hits gegeben hat, noch hat's mir irgendwelche Optionen gegeben, etwas anderes zu machen, das heisst ich musste zurückhoppen, und als wir dann das Zimmer geändert haben, sind wir zu der elendslangen Liste gekommen von allen Hotels in der Uk aber nicht in Schottland, und dann hat man weiter klicken müssen bei A-Z damit man irgendwie nach Edinborough kommt. Dann ist man erst recht nicht dorthingekommen, dann hat man's aber gesucht bei Holiday in Greatbritain, was man am Anfang auch hätte machen können, und dann kommt man zu einem externen travel agent der in West Sussex sitzt... wenn ich das aber wollte, hätt ich das Telefonbuch nehmen können und mir einen travel agent in Österreich oder in Edinborough suchen können.

L: Ok, das heisst würdest du dann sozusagen die Seite irgendwann wiedermal abrufen, wenn du eine Destination vor Augen hast, die es da geben wird?

D: Nein, nie im Leben... was ich nämlich viel mach, ich hab einen eigenen Folder in Favoriten, der heisst Reisen und Fliegen, und alles was gut ist kommt da hinein – die Seite nicht.

L: Gut, ok danke wir sind fertig.

Interview 5 mit Gerhard Falb

25. Juli 2008

Leyla: Ich werde Dich heute durch das Interview führen. Du weißt wahrscheinlich warum wir heute hier sind, aber ich werde dir nochmal kurz den Grund unseres Treffens beschreiben. Ich möchte eine Website testen, die Teil meiner Diplomarbeit ist und würde gerne das Verhalten von Usern, die regelmäßig das Internet verwenden, analysieren. Nur damit Du weißt, ich analysiere hier nur die Website und nicht Dich, Du kannst daher garnichts falsch machen. Ich möchte genau hören, was du denkst wenn du die Website benützt, also leg dir kein Blatt vor den Mund und sprich aus was dir am Herzen liegt. Denke laut! Die Idee ist soviel wie möglich an Information von dir zu erhalten. Falls du Fragen haben solltest, lass es mich wissen. Ich kann dir vielleicht nicht auf alles Antwort geben, nachdem ich ja wissen möchte, wie du die Situation alleine und ohne Hilfe bewältigst. Also lass uns anfangen!

L: Bevor wir uns die Website anschauen, was ist dein momentaner Beruf?

G: Mein momentaner Beruf (verstehe ich nicht) Affility Manger?

L: Ok und wie lang machst Du das schon?

G: Seit eineinhalb Jahren.

L: Ok und gefällt's Dir?

G: Ja.

L: Bist Du zufrieden?

G: Sehr zufrieden.

L: Also das heisst Du bist ja eigentlich non-stop im Online Bereich.

G: Ja.

L: ok und kannst Du mir sagen, wie oft Du das Internet verwendest? Also sei's jetzt privat bzw beruflich?

G: Täglich. 2 Stunden.

L: Und wenn Du das Internet privat verwendest, was ist da am interessantesten für Dich? Was schaust Du da am meisten, rufst Du am meisten ab?

G: Zeitungen, Informationen, Musik, Flugbuchungen, die Community Portale im Netz (versteh ich nicht) meine Webmails checken, Wien Stadtplan, Wohnungssuche im Internet

L: OK na das deckt eh ziemlich viel ab

G: Ja und Ebay, kaufen tu ich auch und banking

L: Ja, das wär jetzt eben meine nächste Frage, shoppst Du online? Hast Du da schon Erfahrungen gemacht? Sei's jetzt negative oder extrem positive? Also wenn Du jetzt online...

G: Ich hab bis jetzt nur positive Erfahrungen gemacht beim online shopping also vom Ticket bis zur gebrauchten Kamera auf Ebay bis zum Buch auf Amazon bis zum Flugticket...

L: Also hast noch nie wirklich negative Erfahrungen gemacht..?

G: Nein.

L: Gut, das ist sehr positiv. Dann sind wir jetzt mal fertig mit diesen Fragen.. dann werd ich den Webbrowser mal öffnen... Ok, kennst Du diese Seite?

G: Ich war noch nicht drauf, aber sie ist sehr bekannt

L: Ok und was hast Du davon schon gehört von dieser Seite?

G: Ja, es ist eine Tourismus- Reisebuchungswebseite

L: Ok und du hast das gehört von Bekannten oder Geschäftspartnern, oder...wie bist du auf diese Seite gestossen?

G: Also meines Wissens ist tiscover die grösste Seite, zumindest in Österreich.

L: Bezüglich was?

G: Bezüglich Reise und online Buchung, also zumindest in Österreich, weiss nicht wie's international ausschaut.

L: Ok ähm wenn du dir jetzt die Website ansiehst, was ist da dein erster Eindruck? Was empfindest Du dabei?

G: Der erste Eindruck ist positiv, es ist relativ klar, es ist nicht zu überfüllt, ähm ich find's ok

L: oK und wie gefällt Dir das Design? Also farbtechnisch, wie's angeordnet ist?

G: Farbtechnisch find ich's total ok weil blau und grün find ich schön. Ich find sie.. also sie überfordert mich nicht, man weiß gleich worum's geht ...

L: Nämlich?

G: Reisen oder vielleicht ein bissl mehr (lacht)

L: Ok sehr gut und wenn ich jetzt frage, was du als erstes anklicken würdest, was würde dich da am meisten ansprechen?

G: Das kommt drauf an was ich will würd ich sagen... also jetzt so spontan würd ich einen Banner anklicken und zwar Wanderurlaub in Österreich.

L: Aha ok, na gut, dann mach das gleich mal, ich hätt nämlich gern, dass Du dir eine Destination aussuchst und die Buchung bis zum Zahlungsprozess tätigst...

G: Ok, dann wär ich's aber anders angegangen also wenn ich jetzt mit dem Vorhaben eine Reise zu buchen reingegangen wäre dann wär ich da auf Österreich gegangen...

L: Also auf der linken Seite sozusagen

G: Aha, das ist eh das gleiche.. (lacht laut)

L: Ok, ähm was siehst du jetzt?

G: Da sind jetzt verschiedene Hotels anscheinend in den unterschiedlichsten Gegenden die kein Ahnung wonach gereit sind. Mit einem Preisschild, offensichtlich... also das wär für mich zum Beispiel jetzt nix.

L: Was wär jetzt nix für Dich?

G: Weil wenn ich in Österreich Urlaub machen will wahrscheinlich vorher schon ziemlich genau weiss wo, und komm dann mit dieser Anzahl von unterschiedlichen (Wort das ich nicht verstehe) in unterschiedlichen Gegend nicht zurecht. Außerdem ist die Preisinformation für mich nicht so interessant. Also das ist für mich..

L: Dieses Logo da, dieser Stempel..? Naja ok, wie würdest Du das ganze jetzt angehen wenn ich dich zwinge? (lacht) also wenn Du dir jetzt irgendeinen Ort oder eine Stadt gerne anschauen würdest.

G: Ich würde hoffe, dass der mich unter Hotels/Unterkünfte fragt wohin ich gerne will. Das tut er.. Da würd ich dann erweiterte Suche gehen, weil ich seh, dass ich mir da den Ort wieder nicht aussuchen kann. Also ich würd auf erweiterte Suche gehen und da fragt er mich hoffentlich wo ich gerne hinwill.

L: Was siehst Du? Was denkst Du?

G: Ähm ich hab mir jetzt gedacht: scheisse, kann ich schon wieder nicht den Zielort eingeben... und bin jetzt draufkommen wenn ich drüberfahr über Information, dass ich da eine Stadt, Region oder ein Bundesland eingeben kann. Des find ich jetzt net super.

L: Ok, warum?

G: Weil ich als User nicht sofort erkenn, dass das möglich ist.

L: Dass du da hinkannst mit der Maus

G: Ja, also ich würd nie.. – das war jetzt nur weil ich mir das irgendwie gedacht hab, aber ich würd nie äh auf die Idee kommen, da drüber zu fahren, also das muss irgendwo... und ich würd jetzt eigentlich gern...

L: Anreise... was ist mit dem Kalender?

G: Den find ich ungewohnt... also vom.. aber ich noch nie eine Reise auf die Art gebucht, also... ich würd gern von Freitag 15. August bis Montag ... (murmelt)...

L: Kannst Du mir noch kurz erklären, weil du jetzt gesagt hast, den Kalender findest du nicht so ansprechend, was fällt dir da jetzt auf? Meinst Du jetzt den wo das Popup kommt mit den Tagen?...

G: Na das ist jetzt einfach weil ich's von diversen Airlines anders gewohnt bin. Ich kann's jetzt nicht beschreiben... ich find ihn ein bissl *bochen* (versteh das Wort nicht?) Also mir gfallt's net, das ist mir zu excel mässig, es wirkt nicht sophisticated, obwohl ein Kalender ist nicht sophisticated, aber weisst eh... (tippt, sucht) alles andere ist mir egal...

L: ok auf suchen

G: Jetzt hab ich keinen Bauernhof gefunden in Grossau.

L: Woher weisst du dass es jetzt am Bauernhof gescheitert hat?

G: Also das hab ich mir jetzt nur gedacht... also es kann jetzt sein, dass es das in Grossau nicht gibt, aber es gibt in Grossau Bauernhöfe... da nimm ich... äh..

L: Aha, was steht da?

G: Gut dann nehm ich was einfaches, ein Hotel... (murmelt) kann ich einfach sagen, mir ist das egal?

L: Ja... ok was wird dir da geboten?

G: Da wird mir jetzt geboten, das Romantikhotel Neuwirt. Da bin ich grad ein bissl verwundert, dass es so wenig ist...

L: Dass was so wenig ist?

G: Dass es so wenig Angebot gibt für die Region, für das Dorf

L: Also es hat dir eins jetzt wieder gegeben, eine Antwort.

G: Genau. Da zahl ich jetzt 556,80 Euro, ja das ist jetzt... und da kann ich mir (murmelt..) das ist relativ klar und logisch... (murmelt)

L: Ja, das schaut wirklich sehr nett aus. Und was würdest Du jetzt zum Beispiel noch gern wissen wollen? Oder reicht Dir das?

G: Na würd schon gern wissen wie das Zimmer ausschaut, das werd ich wahrscheinlich da herausfinden...

L: OK... Ausstattung... Doppelzimmer

G: Doppelzimmer, das ist dann der Grundriß drauf und das Zimmer, das find ich in Ordnung, dann würd ich noch schauen, was man da vital machen kann, irgendwelche Beautyangebote, das find ich herrlich... ja das ist für mich ok, also da würd ich dann wieder schließen und da weitergehen zur Buchung.

L: ok mach ma das. Jetzt bist Du bei Schritt 3 Details, was denkst Du?

G: Das denk ich mir jetzt, sie suchen noch ein Produkt für je 2 Erwachsene 15.8. bis 19.8. 2008, das brauch ich inzwischen nimmer weil ich hab's ja schon gefunden. Das würd ich einfach weglassen oder würd schreiben, keine Ahnung dass ich gerade dabei bin das zu suchen..

L: Also Du würdest jetzt die Information die sie da geben umändern...

G: Ja weil Sie suchen nach.. ist hier meines Erachtens nicht mehr richtig, ich hab's ja schon gefunden. Ich suche nicht mehr, ich weiss schon was ich gern hätt. Dann sagt er mir, welche Zimmer er da hätt, das ist ok, da kann ich's mir wahrscheinlich anschauen wie's da ausschaut. Find ich super. Die Juniorsuite schau ich mir auch nochmal an, schaut nett aus (lacht)...das Bild ist das gleiche wie beim anderen Zimmer. Da würd ich das Bild auch ändern. Tiscover empfiehlt mir natürlich eine Reisestornoversicherung, das mach ich net weil ich werd ganz sicher hinfahren.

L: Genau, was ist jetzt?

G: jetzt stimmt der Gesamtpreis nicht. Wenn ich das klick, ändert sich der Gesamtpreis nicht. Aber da kann ich wahrscheinlich auf Summe berechnen gehen und dann wird's stimmen. Das find ich auch ein bissl ungeschickt, das sollt gleich passieren. Weiter zur Dateneingabe...

L: Ok was ist jetzt?

G: Jetzt find ich des besser, Ihre verbindliche Buchung... da würd ich's besser finden, wenn er mir wirklich genau sagt was ich buch. Sie buchen ein Doppelzimmer mit Halbpension im Romantikhotel Neuwirt ich bräucht auch das Foto nicht mehr, weil das hab ich eh schon 3 mal gesehen, ich weiss inzwischen wie's ausschaut. Äh der Gesamtpreis, das steht da.. information von wann bis wann steht da... Haustiere pro Tag 5,50Euro, die Information würd ich jetzt auch nicht brauchen, da sollte man vorher fragen, haben Sie Haustiere... (gibt seine Daten ein)... späte Ankunft werd ich wahrscheinlich brauchen... ca. 20 Uhr, das find ich gut, dass man das da bereits erwähnen kann. Ich akzeptiere die Hotelvertragsbedingungen und lese sie nicht. Da muss ich offensichtlich eine Anzahlung leisten.

L: Wobei wenn Du...

G: Was ich da ok finden würd is wenn ich das gleich als ganzes zahlen könnt..

L: Den ganzen Aufenthalt?

G: Mmh, aber ... (murmelt) (tippt) ... ich hab keinen Gutschein leider... dann geh ich weiter zur Buchung... soll ich das noch ausfüllen?

L: Ja bitte. Was siehst Du?

G: Da seh ich das gleiche wie vorher. Das ist genau die selbe Maske wie beim Schritt davor. Da hätt ich jetzt gern ein Feeback ob des war gworden is oder net. Oder ist das jetzt die Bestätigung nochmal der Daten?

L: Ok jetzt scrollst Du quasi runter...

G: Ich bin verwirrt, weil ich genau das gleiche seh wie vorher... ah! Ok ok ok, er hat richtig erkannt, dass die Kreditkartennummer falsch ist. Das hätt ich gern vorher gewusst, also da runter zu scrollen und dann erst rauszufinden, dass die Kreditkartennummer ungültig ist find ich userunfreundlich.

L: Weil was hast Du Dir gedacht, also nachdem Du die Kreditkartendetails eingegeben hast und auf weiter geklickt hast und dann dieses Bild als erstes erschienen ist? Was war da dein erster Gedanke?

G: Mein erster Gedanke war, komisch da war ich gerade.

L: Also Du hast schon erkannt, dass dir diese Seite vorher schon gezeigt wurde

G: Ja und war verwirrt. Ich hätte damit gerechnet, dass ich auf einer Buchungsbestätigungsseite bin. Wenn dem nicht so ist, dann hätt ich gern heroben, dass ein Eck hat mit dem was ich eingeben hat. Und dann wenn man runterscrollt ist es echt leicht zu übersehen.

L: Willst Du mir zu der Seite noch was sagen?

G: Ich bin da jetzt ein bissl enttäuscht, ich hab gehört, dass das ein grosses Portal ist und bin überrascht, dass das so ausschaut.

L: Ok,also nachdem wir mit dem Buchungsprozess fertig sind, wie ist dir der Zeitablauf bzw die downloadgeschwindigkeit während der buchung und des suchprozesses vorgekommen?

G: War für mich ok. Also nachdem ich das relativ ohne Zeitdruck ausgefüllt hab, das hat man ja normalerweise nicht, war's für mich ok.

L: Ok, wie hat Dir das Informationsangebot während des Buchungsprozesses gefallen?

G: Ja, das war zum Teil ein bissl misleading also ganz arg find ich vorn bei der Suche, dass man erst wenn man über das Infofeld drüberfährt erfährt, dass man da nach einem Ort oder einer Region suchen kann. Und einfach der Prozess ist von der.., wie er begleitet wird find ich nicht optimal.

L: Begleitet in welchem Sinne?

G: Begleitet von.. also wenn ich bereits dabei bin zu buchen, dass er sagt Sie suchen .. und ich würd auch irgendwann mal den Neuwirt da ausblenden.

L: Eben bei Schritt 4 bei der Dateneingabe.

G: Ja, ich glaub da is er nimmer notwendig. Sonst würd ich schon noch die Buchungsinformationen welches Zimmer und so... die Daten find ich nicht notwendig...

L: Und Du findest in Ordnung, dass Dir der Preis für den gesamten Aufenthalt gegeben wird und nicht pro Tag?

G: Des find ich total in Ordnung.

L: Also Dir ist egal, was das pro Nacht ist?

G: Das kann ich mir ja dann eh selbst ausrechnen. Unnötige Informationen würd ich rausnehmen, zB die Haustierinformation, da sollen sie am Anfang fragen ob ich ein Haustier mitnehm, sonst ist das unnötig..ja alles andere ist in Ordnung

L: Ok und...

G: Was mir bei anderen Seiten gut gefällt ist wenn man seine Buchung auswählt, dann den nächsten Schritt geht, dann kommt nocheinmal die Gesamtinformation, ist das das was Sie wollen?, und dann geht's zur Zahlung, das find ich auch ganz ok, das wär halt ein zusätzlicher Schritt.

L: Ok, also Du hast Dir vorgenommen Du willst nach Grossarl, und hast Tiscover gewählt. Angenommen das wäre eine reelle Buchung, hättest Du die Buchung beendet und Deine Kreditkartennummer angeben um bei Tiscover zu buchen?

G: Ich wäre wenn ich einen Urlaub in Grossarl machen wollen würde nicht auf Tiscover gegangen.

L: Jetzt mit der Erfahrung die Du hier gemacht hast? Oder grundsätzlich, Prizipeinstellung?

G: Das ist schwer zum sagen, ich würd's net auf Tiscover buchen, aber ich bin auch nicht der der Gesamturlaube und Reisen auf solchen Portalen bucht. Also ich würd dann wahrscheinlich www.grossarl.at gehen und dort schauen.

L: aber wenn der Service jetzt ok für Dich wäre, dann hättest Du das abgeschlossen die Buchung?

G: Wahrscheinlich, ja. Was mich konkret stört.. also ich hätt's wahrscheinlich nicht abgeschlossen, insofern weil wenn ich Grossarl eingeb kommt genau nur ein Hotel ... da hätt ich gleich schon wieder aufgehört. Also hätt mir gedacht, Grossarl, da ist genau nur ein Hotel, das kann nicht sein, und sofort wieder raus. Vorallem weil mein Bauernhof nicht drinnen war...

L: Ok, gut zu wissen, und wie schaut's aus mit Newslettern? Wär das eine Option für Dich um dich bei tiscover zu registrieren? Als Information, was ist los in Österreich?

G: Nein würd ich nicht, ich würd meine permission nicht geben, und wenn ich ihn bekommen würde, würd ich ihn wahrscheinlich nicht lesen. Ich weiss nicht was da für Newsletter verschickt werden aber mich interessieren jetzt irgendwelche Promotions in Kärnten net. Also ich weiss meistens genau wo ich hinfahren will.

L: Ok kannst Du mir zum Abschluss noch die Dinge sagen, die dir besonders gut gefallen haben und die dir nicht gefallen haben?

G: Also mir hat die home... ah ist das die home... ah da bin ich nicht auf der home... da ist jetzt alles weg...objekt nicht gefunden.. ahah... error 404, objekt nicht gefunden...konnte auf dem server nicht gefunden werden.. .ich geb das nochmal neu ein. Da ist sie.. die find ich ansprechend, die find ich in Ordnung.

L: Weil?

G: Na die ist übersichtlich, weil eigentlich gleich klar ist was es da gibt, das find ich ok.

L: Also die Homepage sagt Dir sozusagen zu?

G: Ich find, wenn ich zB auf den Banner klick oder auf der rechten Seite auf Österreich, das find ich schon wieder nicht gut, damit kann ich nix anfangen, wenn da 27 Hotels angeboten werden irgendwo... das nervt mich eigentlich sogar. Weil was tu ich mit dem? Wieso ist das da? Das mag ich überhaupt nicht. Wenn ich auf Österreich klick, dann hätt ich gern eine Österreichkarten wo ich dann weiterklicken kann wo ich hinmöcht oder ich weiss nicht, Urlaub am Bauernhof oder solche Themenbereiche eben. Net den Entmeier im Hochpusstatal. Ich mein es ist dann da oben in den Reitern eh drinnen aber das find ich zb auch unverständlich. Ich hab keine Ahnung was mich unter Reiseführer erwartet, unter Wasserspass und Schigebiete, Urlaub für 1 euro kann ich mir was vorstellen.. Hotels/Unterkünfte das ist eigentlich genau das was ich grundsätzlich such. (murmelt..) Das find ich auch ein bissl Kraut und Rüben von der Thematik her... ich bin extrem kritisch...

L: Das sollst Du ja auch...

G: Ganz schlecht find ich auch das mit Ihr Urlaubsziel Österreich vorausgefüllt weil ich dann nicht weiss, dass ich da tatsächlich meinen Ort eingeben kann. Da würd ich eigentlich gern Grossarl eingeben. Dann kommen so wenige möglichkeiten, man bekommt den Eindruck das

Angebot ist einfach zu gering, das würd ich auch auf die anderen Orte assoziieren. Und vom Buchungsprozess also die Errormeldung hab ich auch schlecht gefunden mit die Kreditkartennummer ist falsch.
L: Ok Fazit ist, Du hättest die Buchung jetzt nicht beendet
G: Nein, ich wäre vorher schon ausgestiegen weil nur ein Hotel in ganz Grossarl war.
L: Ok gut, das war's.

Interview 6 mit Isablle Pengg
21. Juli 2008

.....
L: Bevor wir uns die Website ansehen, was machst Du beruflich?
I: Ich bin selbständig.
L: Selbständig, ok und womit?
I: Mit einem Übersetzungsbüro.
L: Für welche Sprachen?
I: Für Englisch, Italienisch und Französisch.
L: Seit wann betreibst Du dieses Übersetzungsbüro?
I: Seit März dieses Jahres.
L: Also erst seit kurzem.
I: Genau.
L: Nur so ungefähr, wie viele Stunden pro Woche verwendest Du das Internet und wofür?
I: Täglich bestimmt zwischen 4-5 Stunden für alles Mögliche.
L: Also email usw…
I: Genau.
L: Und was denkst Du über Bestellungen über's Internet?
I: Ich finde, es geht sehr einfach, schnell und unkompliziert.
L: Hast Du auch schon schlechte Erfahrungen damit gemacht?
I: Nein.
L: Also ging alles problemlos, Du hast alles zeitgerecht bekommen was Du wolltest?
I: Ja.
L: Gut, wir sind fertig mit diesen Fragen und jetzt lass uns den Browser öffnen. Ich möchte jetzt, dass Du Dir diese Seite ansiehst und mir sagst, was Deiner Meinung nach der Hauptzweck dieser Seite ist.
I: Der Hauptzweck ist das Buchen von Hotels, so weit ich momentan sehen kann, ausschließlich Hotels.
L: Gut, und hast Du diese Seite schon einmal benutzt?
I: Ja und ich mochte sie nicht.
L: Gut zu wissen. Kannst Du mir den Eindruck den Du von dieser Seite hast beschreiben, was fällt Dir auf?
I: Es gibt nicht sehr viel Information, man sollte eigentlich schon vorher wissen, wo man hin will und wann; im Prinzip sollte ich schon im Vorhinein klare Vorstellungen haben. Zumindest ist das mein Eindruck.
L: Gut, und wenn Du nur das Layout, das Design ansiehst – was denkst Du?
I: Hm, es gefällt mir nicht. Es ist sehr einfach gehalten aber der Hauptzweck, nämlich das Buchen, kommt nicht wirklich heraus, nur sehr klein. Ich würde diese Seite auch nicht verwenden, wenn ich nicht schon ganz genau weiß, wohin ich will.
L: Gut, Du hast gesagt, Du hast diese Seite schon einmal benutzt – wofür?
I: Um ehrlich zu sein, ich habe nur allgemein nach Hotels gesucht und dann ist diese Seite aufgepoppt, ich habe aber nie etwas gebucht.
L: Ok, angenommen Du würdest eine Buchung machen wollen, welchen link würdest Du anklicken?

I: Ich würde auf einen internationalen link gehen, also auf Deutschland, England – der erste Schritt wäre ein Land auszuwählen.

L: Wir haben also nun die Website analysiert. Ich hätte gerne, dass Du jetzt eine Destination auswählst und eine Buchung durchführst. Zur Info, wir werden die Buchung nur bis zum Bestätigungsschritt durchführen.

I: Ok, ich nehme Italien und das erste, was für mich wichtig wäre, wäre eine Landkarte. Sie ist zwar da aber nur sehr klein.

L: ok.

I: Geographie und ich – das passt nicht zusammen (grins)

L: Ok, hast Du draufgeklickt?

I: Ja…

L: Möchtest Du's noch einmal probieren?

I: Ok, nehmen wir Friuli Venezia Giulia.

L: Nette Region.

I: Ja (Probleme mit der Maus) kann ich von hier weitermachen? Ja, geht. Was mir jetzt fehlt sind Bilder.

L: Ok, Bilder wie zum Beispiel?

I: Bilder von der Region. Das ist für mich wichtig wenn ich buchen will.

L:die Umgebung… ok, und was ist mit dem Text? Würdest Du ihn lesen?

I: Nein, würde ich nicht. Deswegen meine ich ja, ich brauche Bilder. Es ist zu viel Text für mich. Wenn ich zum Beispiel über's Wochenende wohin fahren will, wäre es zu viel Information für mich. Andernfalls hätte ich mir ohnehin schon vorher Gedanken gemacht…

L: Siehst Du, daher mache ich alle Interviews nur von meinem Computer, sodass sich jeder der Interviewten in derselben Situation befindet.

I: Ja, aber das ist auch genau das, was ich bei mir zu Hause gemerkt habe, es geht sehr langsam…

L: Die Seite?

I: Ja.

L: Ok, nun was steht da? Fehlerhaftes Gateway, der Proxyserver erhielt eine fehlerhafte Antwort eines übergeordneten Servers oder Proxys. The proxyserver couldn't handle the request. Das ist interessant – verschiedene Sprachen… um… ok… wenn Du diese Nachricht liest, was würdest Du tun?

I: Ich würde einfach noch einmal probieren.

L: Du würdest also auf Zurück klicken?

I: Ja, und jetzt ist die Seite aufgegangen.

L: Das ist genau die Seite auf die wir gekommen wären, wenn alles funktioniert hätte…

I: Gut, ich habe nur ein Hotel zur Auswahl bekommen und das wäre für mich der Moment eine andere Homepage auszuprobieren.

L: Gut, eine normale Reaktion. Du hast gesagt, Du möchtest nach Venezia – wärst Du auch an einer anderen Region interessiert?

I: Nein, und nachdem diese Seite sehr langsam ist und mir auch nicht genug Optionen bietet, außer einem Hotel, würde ich eine andere Homepage nehmen denn ich denke nicht, dass mir diese mehr Informationen über andere Regionen liefert.

L: Könntest Du trotzdem die Buchung für das Interview fertig machen? (grins)

I: (grins) Klar! Tut mir leid… Sehen wir uns einmal das Hotel al Cavalino an … gut, ich mache für Dich die Buchung…

L: Danke! Gibt es irgendetwas Auffälliges für Dich bei diesem pop-up window?

I: Nein, es ist nur die Art von Hotel, in die ich nie gehen würde…

L: Gut, aber das pop-up window selbst, lassen wir das Hotel einmal weg, was kannst Du mir darüber sagen, einmal angenommen, das Hotel wäre in Ordnung.

I: Was ich daran mag, ist, dass sich eine extra Seite öffnet, ich mag das, denn so kann ich leicht wieder zurück… es ist sehr einfach mit der Buchung fortzufahren, man hat eine kurze Beschreibung des Hotels und auch einen link zur Hotel eigenen Homepage, das finde ich gut. Ich würde jetzt darauf klicken um mehr über das Hotel zu erfahren….. Ich bin mir nun sicher, dass ich in diesem Hotel buchen möchte (grins). Machen wir die Seite zu und setzen die Buchung fort…. Alles schön zusammengefasst…

L: Bist Du sicher?

I: Ja, wir haben eine Buchung für zwei Erwachsene, den Reisezeitraum, ein Doppelzimmer, Frühstück, den Preis. Zusätzlich habe ich noch eine Reisestornoversicherung, die ich aber nicht buchen möchte, weil..... gut, jetzt haben wir den neuen Preis und jetzt denke ich kommen die persönlichen Angaben... ja (füllt Angaben aus). Ich lese nie die Allgemeinen Geschäftsbedingungen, möchtest Du, dass ich die Kreditkartendetails auch ausfülle?

L: Ja, gib einfach eine falsche Nummer ein, schauen wir was passiert.

I: (füllt Nummer aus)

L: Ok, nur eine Frage, wenn du noch einmal hinaufgehst... das ist das erste was Du siehst, wenn Du auch buchen klickst. Was denkst Du? Ich meine, sagen wir Du hast Deine Kreditkartennummer eingegeben, auf Buchen geklickt und dann siehst Du diese Seite.... Fällt Dir etwas auf?

I: Nein.

L: Ok, gehen wir wieder runter und schauen, was passiert.

I: Ja, es ist dasselbe.

L: Gut, es sagt Dir „ungültige Kreditkarte". Nehmen wir an, die Buchung hat funktioniert, hattest Du das Gefühl es ging schnell oder langsam?

I: Um ehrlich zu sein, kann ich Dir das nicht sagen, denn ich hatte Probleme mit der Maus, aber es ging eigentlich ziemlich schnell, von den Ergebnissen, meinen persönlichen Angaben, der Zusammenfassung... ich denke, als nächsten Schritt hätte ich eine Bestätigung erhalten....

L: Genau; nach der Buchung, warst Du zufrieden mit dem Service von tiscover?

I: Ja, denn es ging schnell und einfach. Es waren nicht zu viele Angaben nötig und man kann einfach per Kreditkarte buchen. Das einzige was mir aufgefallen ist, man hat nur die Auswahl zwischen zwei Kreditkartenfirmen, was im Vergleich zu anderen Seiten nicht viel ist... es gab nur Master und Visa.

L: Das heißt also, dass Du vom ersten Schritt, also der Suche bis zur Dateneingabe zufrieden warst?

I: Ja, ich meine ich habe zwar nur ein Ergebnis erhalten, aber ich denke das liegt in erster Linie an der ausgewählten Region.

L: Denkst Du, Du würdest Dich bei tiscover registrieren lassen, um einen newsletter zu erhalten?

I: Nein ich denke nicht.

L: Warum nicht?

I: Schwierige Frage... wie ich schon gesagt habe, ich kannte tiscover schon und ich hatte immer Probleme damit. Und um ehrlich zu sein, hab ich es noch nie so weit versucht wie heute....

L: Das heißt also, Du möchtest keine weiteren Informationen oder Angebote erhalten – das interessiert Dich nicht?

I: Nein.

L: Liegt es an der Seite oder daran, dass Du Dich nicht registrieren lassen möchtest?

I: Es liegt an der Seite, ich denke diese Seite ist nur dann wirklich gut, wenn man schon im Voraus weiß, wohin man möchte und nicht erst suchen will. Aber um ehrlich zu sein, buche ich ohnehin lieber direkt.

L: Über die Homepages der Hotels?

I: Genau.

L: Wir kommen zum Ende, könntest Du noch einmal zusammenfassen, was Dir an der Seite gefallen hat und was nicht?

I: Was mir nicht gefallen hat war, dass es zu wenige Bilder von den verschiedenen Regionen gab, was für mich wichtig ist, ich brauche Bilder. Ich bin ein visueller Mensch. Was mir gefallen hat, war, dass es schnell ging und nicht zu viele Details abgefragt wurden. Aber ich denke, wir hätten noch eine andere Region ausprobieren sollen, denn als Ergebnis nur ein Hotel zu bekommen ist nicht sehr zufrieden stellend, aber ich denke es lag an der Region, daher...

L: Möchtest Du eine andere Region ausprobieren?

I: Klar, wir haben Zeit.... Angenommen, ich wüsste nicht wohin ich will, ich würde einfach klicken auf...ok, da haben wir dieselbe Fehlermeldung von vorhin...

L: Was würdest Du jetzt tun?

I: Ich würde es noch einmal auf Zurück klicken und es noch einmal versuchen.... Dann würde ich auf Google gehen und Italien eingeben. Es passiert jetzt schon zum zweiten Mal... ja, dieselbe Meldung.

L: Und was haltest Du davon, noch einmal auf die Homepage zu gehen?

I: Hab ich gemacht. Ich bin auf die Hauptseite gegangen, habe Italien angeklickt.... Dann kam wieder die Fehlermeldung.

L: Ok, ich denke wir können sagen, dass der Buchungsprozess nicht sehr zufrieden stellend war, da wir die Fehlermeldung erhalten haben.... Deiner Meinung nach, wie würdest Du reagieren? Angenommen, Du möchtest wirklich in das angebotene Hotel?

I: Ich würde direkt auf die Homepage des Hotels gehen oder auf Google und etwas anderes suchen.

L: Gut, lass uns zusammenfassen: die links waren schnell, Dir wären mehr Bilder lieber um einen Eindruck der Region zu bekommen. Eines noch, wie einfach fandest Du die Benützung der Website? Bist Du damit zurecht gekommen?

I: Ja, auf jeden Fall. Es erklärt sich jeder Schritt von selbst....

L: Danke!

Interview Summary

Interview 1, Madeleine Ahrari
Primary school teacher
Regulary using internet
Positive attitude towards online shopping/ booking, no bad experience so far
Does not know Tiscover

HOME: appealing, well arranged (packages, accommodation/ lodging), lady with the hat eye-catching, practical to start straight away with data entry instead of searching for it before hand

CURIOSITY: packages, maybe there are some interesting/ special offers...

STEP 1 (search): packages, enters data, doubting about amount of people (cannot specify 2 adults and 2 children)*

STEP 2 (RESULT): can specify adults and children, does not know region of country, if it is in the mountains or on the beach, tries to select location, clicks on hotel but know clarification
→ back to step 1
Tries to clarify under "special interests", but combo is empty, continues with detailed search, no answer, cannot find the right location to be at the beach, only results for mountains
Assumes that tiscover only provides accommodation in the mountains due to the lady with the hat at the initial site
Reason to abandon website
*Changes search criteria, goes back to step 1, more offers when categories are not specified, evaluates results to her needs (price, facilities etc), clicks on hotel details and checks fotos

STEP 3 (Details): confused about booking summary 2 children and 2 adults interval 1 month, later sees specification that the reservation is between that interval,

STEP 4 (data input): reeds information carefully, enters data, very confused about co-insured, does not know why there are so many fields, thinks it is concerned with travel insurance, later recognizes Info ICON, accepts terms of business without reading, reads cc data and the deposit that has to be prepaid, then reads information about accommodation owner to pay an additional deposit, very unclear text "why do I have to read that? Why do I have to pay another deposit", considers to call help desk before continuing with booking, very annoyed after doing all the data input and then not understanding the last step, also looking for a number to call,

POSITIVE	NEGATIVE
Clear homepage	No chance to specify location
	Only accommodation in the mountains
	Data input too many unclear fields
	Very confusing text about deposit
	Combo with special interest empty

Interview 2, Thomas Strohmaier
Programmer and IT project manager
Constantly using the internet
Positive attitude towards online shopping "the more the better" but also negative experience with online shopping
Knows Tiscover and its purpose → recalls negative memories

- **HOME**: First impression very chaotic, 4 different booking possibilities, user needs to have specific goal to complete task successfully, "Luser (loser+user) confronted with difficulties on website "what am I actually looking for?" International countries, top resorts contains same info, booking hotline irrelevant since no idea where to book, woman with hat represents Austria ((+)), once proceeded with booking process→ no chance to return to initial home
- **curiosity**: package deals with hope for special offers

BOOKING PROCESS

Step I (search): using combo in the middle and searching for country that is not mentioned, then using search box+ entering country → Error Msg: Please select a country, changing destination + using international destinations → Hotels/ Lodging → calendar does not contain weekdays (-)
back to Step 1→ different calendar layout (includes weekdays), not sure where to find desired region → complaining about wasting time, suddenly combo with "Special Interest", again filling in search criteria, package not found, continuing search "waterfun" map with beach localisations (+), not sure how to get accommodation, again filling in everything, different layout, Error Msg: No results matching ur criteria" Contact Callcenter.
Very confused about different info/ layout, why no matching results, tries out detailed search, leaving all search criteria open → 4th time data entry

Step 2 (results): List of accommodation + location map = (+), change of search due to not desired location requirements, back to Step 1; 4th time data entry
Uses user rating as reference→ unusable button, more offers now (doubts if date was due to flop), suggests automatic ranking for combo otherwise wasting useful time, hotel selection contains winter info, lot of click-through to find desired hotel, recommends "sort after location", looses patience, Error Msg: Error connection interrupted", room price (everything marked with X confused)

Step 3 (Details): parts in Italian language (camera singola), too much irrelevant info under "room type" (warm water), travel insurance contains funny characters, half board obligatory

Step 4 (data input): https site (+), accepts terms of business without reading, no option for other payment but CC, intention to leave Tiscover, reading irrelevant info about hotel (confused), reads another payment deposit for Tiscover (confused), co-insured (?), data entry containing wrong details

AFTER CC INPUT

Everything in green "your booking", shocked that everything worked out, scrolling down, wrong data alert hardly visible, later realizes still in Step4, recommends error data in red letters on top page

Impression: "it seems as if programmers designed everything without involving users", too much irrelevant info, too many clicks, users need lot of time to maybe find what they want, recommends: quick search
Will avoid Tiscover next time, thinks it is more for info gathering rather than for booking online, "without a specific idea of destination its impossible to find it"

POSITIVE	NEGATIVE
Woman with hat represents Austria	Homte too chaotic
Map with accommodation locations	Top resorts + international same destinations
User rating https site	Error Msgs not explanatory Calendars not usable+consistent Search criteria not consistent Continuous data entry when doing new search Lot of click-through to find desired accomm. Inconsistency with language Too much irrelevant info (room type) Board type obligatory No alert for wrong data input

Interview 3, Thomas Langthaler
Process manager
Frequently using the internet
Positive attitude towards online shopping, no negative experience so far
Does not know Tiscover

HOME: no clear structure, sees it as a regular online travel site, too little information given, slogan "more than travel" and lady with the hat take too much space
CURISOSITY: hiking in Austria

BOOKING PROCESS

STEP 1 (search): South Africa under top resorts, uses button book online, enters check- in and out data,

STEP 2 (Results): 26 results with small pictures, name and category including facilities and price which seems very high, cannot see in which currency stated, rating from other users (if there is one), sorts by type, recognizes currency now, changes to EUR, picks one hotel and assumes that this is most expensive although next hotel is more expensive, sees price and does not know what it exactly stands for, clicks at 1 hotel on continue, gets info that was lacking before: total price for 20 nights, comments on the language switch, clicks on available rooms to see hotel details, pictures are essential to him, but too less and small and not possible to make bigger, reads description how to get there (all stated under the pop up window), wonders how to get back to the booking page (logical)

STEP 3 (Details), price is split in local currency and EUR, , cannot find Austria in the combo country – not alphabetically listed,

Step 4 (Data input) confused about co-insured – why so many fields, recognizes INFO icon, click terms of business without reading and reads "down payment for the booking of your package due is required" with great confusion, first reading about deposit of 387 EUR and suddenly another payment of 2229 EUR, is uncertain about the given information and → ready to leave the website and go to another booking site, since there is a huge sum to be paid and not sure why

CONTINUE WITH CONFIRMATION: realizes same site again and reads "the following services are not included in the price: 50% deposit required before reservation can be confirmed. Remaining 50% required 30 days prior to arrival", completely overstrained with the information and confirms previous uncertainty and feels kidded by Tiscover

POSITIVE	NEGATIVE
Rating from other users	Home page no clear structure-causes confusion, too little info, slogan takes too much space,
Price stated in EUR and other Currency	Too small pics, not expandable
	"sort by" not consistent
	Price for required stay not stated in 1st step
	Language switch
	"data input" very confusing text about co-insured, deposit, and downpayment
	Overstrained with info after confirm booking

Interview 4, Daniel Schramek
Molecular biologist
Daily using the internet
Positive attitude towards online shopping but also had negative experience in online booking
Does not know Tiscover

HOME: attractive, international link appealing but relatively short list, should contain continents rather than countries, 3 different languages (+), top resorts gives impression to influence people(-),
CURIOSITY: international destinations (with thought of more destinations)

STEP 1 (search): no possibility to select cities when choosing region, "cannot find available rooms that booked online for your selected dates", no clarification why (-), recommends specification of wrong search criteria, "they do not tell me the problem of my search, is it the date that does not fit or the type of accommodation I chose? I am in a blind alley!" Back to search, introduction of all criteria again although destination should be remembered – annoyed (they know where I want to go), additionally layout has changed (blue background, reason to abandon site – seems very unprofessional (http://guide.visitscotland.com/vs/scout/stps/5,de,SCH1/r,RGN20vs,ffs,/result.html -) CONSISTENCY, back button to get to home page,
Either play with data entry and continue with search for possible accomm., call stated travel expert (irrelevant since intention to book online), or abandon site,
unclicks "room type" to "All",

STEP 2 (results): long list of hotels in London (wrong destination), sorting by town name A-Z → listed alphabetically but not possible to sort additionally by price (-), lot of click-through to see if required town is offered EFFORT, suddenly language change -irritating (-)CONSISTENCY, no chronology of accomm. Type (farm, B&B, 5* hotel, etc.), no chance to get to destination, assumes no offers for that town and ready to abandon website

One more try: Uses search box: 1 match, request button with contact address in another part of the country, notices website of destination provided by tiscover, possible to send inquiry, enchanted by calendar (+), changes currency but price category with too huge difference (-), option of tiscover "keep me informed about further holiday offers" automatically ticked (-)

NEXT STEP: enter contact details→ not interested in providing it since its only an inquiry and not an online booking that requires a transaction → ABANDOING THE SITE

CONLUSION: information is not clarifying at all, no options that facilitate booking process, travel agent irrelevant on the website- no internet is necessary therefore,
"It seems as if the website only provides accomm. Offers but not for people with a specific request!"

POSITIVE	NEGATIVE
Home is attractive	International list too short
Different languages	top resorts seem influential
	No chance to select required city
	No clarification for no available rooms
	New search: all data entry again
	No relevance for travel agent
	Wrong destinations provided

	Click through to see if destination is offered
	Not possible to sort by town AND price
	Language switch
	Change of website – different link and layout (blue)
	Possibility to send inquiry to Tiscover
	Download speed takes too long

Interview 5, Gerhard Falb

Works for an online company
Regularly using internet (3hrs per day)
Positive experience with online shopping
Never used Tiscover before, but heard positive things about it

homepage: first impression structured and clear, good visual appearance, but all 3 booking choices offer the same –> no differentiation, no chance to get back to original home with international destinations, once booking process has commenced. Need to re-enter URL
Curiosity: click on the banner (hiking in Austria)

Single links on menu bar: meaningless or rather making him expect different things than actually offered (ease of use- structure)
Step 1 (Search): very confusing list of random hotels, no chronology, cannot cope with amount of hotels -> Annoying
Hotels/ Lodging simple search: not sure where to enter wanted destination, Austria entered in "holiday destination" automatically, cannot find city, structure of search options for specific region hard to discover
→ **Detailed search**: still not sure where to enter desired city, experimenting, finds info icon by coincidence-> not clearly represented
pop-up calendar: unusual, excel style, not sophisticated
Step 2 (results): only 1 offer, desired type not represented, need to change search criteria → puzzled
Interest in hotel amenities, hesitation where to find images → satisfied and continue with reservation
Step 3 (Details): pace of booking process not optimal (emotion) recommendation to change from "room options" to "your booking", "I know already what I want", and to change room picture since it is the same not interested in travel insurance → booking price changes/ not correct → obligation to recalculate amount, should do this automatically
Step 4 (Data Input): more satisfied "your booking" rather than "room options of accommodation", recommends more personalised data "your booking of 1 double room, half board etc."and not repeat hotel+foto, irrelevant info about pets (should be mentioned before), positive about late-arrival option, ignoring terms of business, obligation for deposit→ prefers to pay full amount. Voucher?
Error msgs (Step 4) during data input: same site as before, very confused, no feedback about wrong data input, expects notification or results of transaction, need to scroll down where to find wrong data is hardly recognisable→ very user unfriendly! Ease of use
Content: misleading, too little offer therefore associates same result to other destinations

Interview 6, Isabelle Pengg
Translator
4-5 hrs/ day using internet
Positive attitude towards online shopping, easy, comfortable, no bad experience so far

Know Tiscover, bad memories

Home: not much information, one should know exactly where/ when to go otherwise lost, design is simple but main goal of the site is not stated clearly, she would not use site if not sure where to go, once used it for general hotel information but never booked something,

STEP 1 (Search): international link, needs a map, finds one but too small
STEP 2 (Results): 1hotel, not sure if she can use link, clicks and needs more pics, too much text and no visual images, for a weekend trip prefers more pics rather than text since booking process should be done fast,
DOWNLOAD SPEED: very slow
ERROR MSG: The proxy server couldn't handle the request and some other text in German, clicks on back button to continue with booking
STEP 2 (Results): since only 1 hotel – reason to ABANDON WEBSITE, since she is not interested in another destination because she associates that the result would also be very limited
For research purpose continues with booking, clicks on hotel pop up window positive as can close it once read info and continue with booking,
STEP 3 (Details): no interest in travel insurance
STEP (Data input): reads terms of business, not much CC selection,

YOUR KNOWLEDGE HAS VALUE